# OYSONVILLE

## SON CHATEAU, SES SEIGNEURS

### II

*(SUITE ET FIN)*

PAR

Le Comte de RILLY

CHARTRES

IMPRIMERIE GARNIER

15, RUE DU GRAND-CERF, 15

—

1894

# OYSONVILLE

## SON CHATEAU, SES SEIGNEURS

*(SUITE ET FIN)*

PAR

Le Comte de RILLY

CHARTRES

IMPRIMERIE GARNIER

15, RUE DU GRAND CERF, 15

—

1894

# ARMES DE LA MAISON D'OYSONVILLE



*Écartelé au I<sup>er</sup> et au IV<sup>me</sup>*
*d'azur à la bande, componée d'or et de gueules*
*chargé en chef de deux étoiles d'or*
*l'une sur le second compon de la bande*
*qui est Briçonnet.*
*Au II<sup>me</sup> et au III<sup>me</sup>*
*d'argent à deux chevrons de gueules*
*qui est du Pont d'Aubevoye*
*Sur le tout :*
*d'or à la croix de gueules*
*chargée de cinq coquilles d'argent*
*qui est Odart de Rilly et d'Oysonville.*

# DEUXIÈME PARTIE

# DEUXIÈME PARTIE

## INTRODUCTION

ETTE seconde partie de l'histoire d'Oysonville est puisée dans les archives du château du Bouchet, et dans le tableau généalogique de la maison des Odart, marquis de Rilly et d'Oysonville, seule représentante aujourd'hui de toutes les familles qui ont possédé Oysonville.

Le « trésor du château de Germigny-en-Bourbonnais » transporté au Bouchet, lors de l'échange de terres entre les marquis d'Oysonville et de la Frèzelière, contient, avec de nombreux documents divers, tous les contrats de mariage et les testaments concernant les Briçonnet et les Sève de la branche de Gommerville, entr'autres : Le contrat de Guy de Rochechouart avec Marie-Louise d'Estampes ; celui de Guillaume de Rochechouart, seigneur de Jars et Bréviande, avec Antoinette d'Yaucourt, ainsi que tous les titres de cette maison ; celui de Guy de Rochechouart avec Gabrielle d'Allonville Oysonville ; celui de François d'Allonville, baron d'Oysonville, avec Jeanne du Monceau ; celui de Charles le Prévost, baron d'Oysonville, avec Isabelle Sublet ; celui de Balthasar Chahu avec Françoise Gayant (Paris 17 février 1602) ; celui de Paul le Prévost, aussi baron d'Oysonville, avec Marie Chahu, (Paris, Levasseur, notaire, octobre 1645), etc. etc. Tous ancêtres des propriétaires actuels d'Oysonville.

A ces archives déjà nombreuses viennent s'ajouter celles des familles alliées, plus un dossier volumineux concernant la maison du Pont-Aubevoye et ses alliances, dont nous donnerons aussi quelques extraits. Puis, avant de fermer ce livre qui nous a permis d'évoquer le passé et de revivre familièrement avec une longue suite de générations éteintes, nous accomplirons un devoir bien cher, en donnant ici un souvenir à la simple et noble existence, qui sut continuer de nos jours et nous transmettre intactes, les traditions de ses prédécesseurs à Oysonville. André-Henri-Paul Odart de Rilly, marquis de Rilly, était né à Orléans, le 7 novembre 1812; sauf un an passé à Stanislas, il fit ses études au collège Saint-Louis, en sortit pour entrer aux pages le 28 août 1829 (et fut à cette occasion présenté au Roi, à Monseigneur le Dauphin et à M^me la Dauphine). Le 4 décembre 1830, il entra à Saint-Cyr, puis à l'école de Saumur et de là au 1^er régiment de hussards du duc d'Orléans, dans lequel se passa toute sa carrière militaire : c'est avec ce régiment qu'il fit la deuxième et courte campagne de Belgique. Le 20 avril 1849, le marquis de Rilly, alors capitaine commandant en garnison à Châlons-sur-Marne, obtint un congé qui se termina par sa démission, reçue le 17 juillet 1849. Il avait épousé au mois de mai de cette même année M^lle de Villeneuve-Guibert, et à cette époque était venu prendre possession du château d'Oysonville que le comte Théodore, son oncle, venait de lui donner. La population lui fit un accueil chaleureux et lui demanda de continuer les bienfaits auxquels l'avaient accoutumés ses grand-oncle et oncle, les marquis de la Roussière et Théodore d'Oysonville. Sa droiture, sa distinction, son affabilité lui conquirent promptement toutes les sympathies dans ce lieu où il se plaisait plus que partout ailleurs. Atteint, jeune encore, par une cruelle paralysie qui le priva de l'usage de ses jambes pendant les dix dernières années de sa vie, il sut puiser, dans une piété sincère, un tel oubli de lui-même et un tel mépris des souffrances que l'excellence de son caractère non plus que celle de son cœur ne se démentit jamais.

Le marquis de Rilly fit son testament olographe le 1^er mars 1879 : un an après, jour pour jour, il s'éteignait à Paris. C'est bien aussi à lui que peut s'appliquer cette phrase du testament de sa quatrième aïeule, une des marquises d'Oysonville, laquelle, vénérant la mémoire de son père le citait en exemple à ses enfants et successeurs, écrivant à ce propos : « Dont, il est à souhaiter qu'ils puissent imiter le mérite, la sagesse et la vérité. » Ce vœu de la première année du XVIII^e siècle, si pleinement réalisé par lui, n'est-il pas le plus désirable de ceux que les fils du marquis de Rilly, puissent former eux-mêmes pour leurs descendants.

(1)

Dans un in-folio de 15 pages, imprimé, et intitulé : *Hommes illustres et mémorables du surnom de Le Prevost, selon les annales et Histoire de France, depuis le règne de Philippe I<sup>er</sup> jusqu'au règne de Charles VIII*, on lit ce qui suit :

. . . . . Il est bien prouvé dans les dites histoires et par les titres et originaux conservés en la famille et postérité, que le baron d'Oysonville estoit issu par mère de ces familles royales, ou qu'il en avoit bien mérité, et qu'il avoit reçu ses armes de ses ayeulx qui conséquemment estoient très nobles ; car dans le siècle où il vivoit on estoit fort régulier pour les armes et les blazons. . . . . Cette preuve est encore en plusieurs églises, où ils avoient leurs dévotions et où ils ont esté inhumez, et en plusieurs épitaphes. Elles sont en l'église et en la maison sei-gneurialle de Grandville qui appartenoit a la dite Damoiselle Jeanne le Prevost, en la chapelle de N.-D. de Challou-la-Reyne et en l'église des Cordeliers d'Estampes où les seigneurs de Granville du dit surnom de le Prévost qui luy succédèrent ont eu dévotion ; ces trois lieux sont proches d'Oysonville. Elles sont à Paris en l'église Saint-Gervais et aux Blancs-Manteaux. Monsieur le baron d'Oysonville, issu de cette famille, qui a fait ériger la dite terre d'Oysonville en marquisat, par lettres patentes du Roy, en date du mois de mars 1664, tant pour luy que pour ses hoirs, masles et femelles, en considération de ses services, les a conservées et les porte en entier comme elles sont dépeintesde l'autre part avec leurs supports.

(2)

Ego soror, Clemencia Briçonnet, promitto, stabilitatis sub clausura, conversio-nem morum meorum, castitatem, paupertatem et obedientiam, secundum statuta reformationis ordinis Fontis-Ebraldi, decreto Sixti Papæ quarti, in hoc loco de Alta

Bruyeria juxta regulam beati Benedicti ordinata, in honorem Salvatoris matrisque ejus et sancti Johannis Evangeliste, in presentia vestra, Reverenda, mater Maria Chauvelin, hujus monasterii priorissa, anno Domini millesimo sexcentesimo quadragesimo quarto, die vero vigesimo secundo mensis maii. In cujus rei testimonium presentem chedulam manu proprio signavi.

(3)

Nous, sœur Charlotte Dalbert de Chaulnes, Prieure perpétuelle du royal monastère Saint-Louis de Poissy, reconnaissons avoir reçu de Madame de Briçonnet, la somme de cent trese livres six sols huit deniers, pour quatre mois et saise jours de la pention de sœur Jeanne de Briçonnet, sa fille; payée jusque au sixiesme jour de février de la présente année que la dite sœur de Briçonnet, sa fille, est sortie de nostre monastère : de laquelle somme de cent trese livres six sols huit deniers, nous quittons la ditte dame de Briçonnet et toute autre. Fait en nostre dit monastère, le 22 février 1689.

Sœur Charlotte Dalbert de Chaulnes, prieure de Poissy.

(4)

Je soussigné, sœur Jeanne-Marie Briçonnet, sœur de Poissy, confesse avoir reçu des deniers de M<sup>me</sup> la marquise d'Oysonville, ma belle-sœur, par ordre de M<sup>me</sup> Briçonnet, ma mère, 22 livres pour mes estrennes au mois de janvier de cette année 1689, et de plus la somme de 210 livres, savoir 50 escus pour une demy année de ma pension qui doit eschoir le 1<sup>er</sup> avril 1689, 60 livres pour mon voyage d'Autun.

Ce 2 mars 1689.      Sœur Jeanne-Marie Briçonnet, religieuse de Poissy.

(5)

Nous, sœur Clémence Briçonnet, humble prieure du prieuré et couvent de Nostre-Dame de Haute-Bruyères, [1] confessons avoir reçu de M<sup>me</sup> la marquise

---

[1] Prieure après la mère Anceaulme.

d'Oysonville [1] la somme de 175 livres pour une demy-année qui a commencé le 19 octobre et qui finira le 19 avril prochain, des grande et petite pension de notre bien-aimée sœur Françoise Briçonnet d'Oysonville, sa fille, [2] religieuse au dit couvent de Haute-Bruyère, dont nous la quittons. Fait à Haute-Bruyère, le dernier jour d'octobre 1696.

Sœur Clémence Briçonnet.

(6)

### Contrat de Mariage de Bernard Briçonnet de la Chaussée et Françoise le Prévot, Marquise d'Oysonville

(7)

Au contrat de mariage, passé à Paris, le 18 mars 1664, devant Pain et Dapière, de M<sup>lle</sup> d'Oysonville et de M. Briçonnet, seigneur de la Chaussée, paraissent : Messire Henry Chahu, seigneur de la Bapautière et dame Marguerite du Plessis, son épouse; dame Françoise Chahu, veuve messire Guillaume Bidé, chevalier, seigneur de la Bidière, conseiller du roi, oncles et tantes maternels de la damoiselle future épouse; dame Jeanne Sublet, veuve de Monsieur du Plessis-Picard, conseiller d'État, tante paternelle; messire Jacques Barrin, chevalier, marquis de la Guierche, conseiller au parlement de Bretagne et dame Eléonore Bidé, sa femme, cousins germains maternels; messire Claude Chahu, seigneur de Passy et de Saint-Paul, cousin maternel; messire Gilles Ruellan, baron de Tiersan, conseiller du roy, et sa femme; Claude de Metz, à cause de dame Lemaistre, sa femme, cousins maternels; Illustrissime et Révérendissime messire Henry de la Mothe-Houdancourt, ancien évesque de Rennes, chevalier des ordres, grand aumosnier de la reine-mère, archevêque d'Auch, cousin paternel [3]; Haute et Puissante princesse, Madame Françoise de Nargonne, duchesse douai-

---

[1] Françoise le Prévost, marquise d'Oysonville, belle-sœur de la Prieure.

[2] Nièce de la Prieure.

[3] Parent des d'Oysonville, par sa mère, Louise Charles du Plessis-Piquet; il avait pour frère le maréchal de la M. H. duc de Cardonne, père des duchesses d'Aumont, de Ventadour et de la Ferté.

rière d'Angoulême; Haute et Puissante dame Eléonore de la Rivière, marquise de Mareuil, veuve, alliées; dame Françoise Sirou, femme de François Hubert, chevalier, seigneur de Faronville, cousine; Henry d'Aguesseau, chevalier, conseiller du roy, président du grand conseil, cousin paternel à cause de damoiselle le Picart, son épouse; Nicolas le Pelletier, chevalier, seigneur de la Houssaye, conseiller du roi, cousin à cause de damoiselle le Picart, sa femme; messire Jean du Tillet, chevalier, seigneur de la Bussière, conseiller du roi, cousin à cause de Claire le Picart, sa femme; Antoine Turgot, chevalier, seigneur de Saint-Claire, conseiller du roi, cousin paternel à cause de Jeanne du Tillet, sa femme; messire Jean Bochard, chevalier, seigneur de Saron; messire François Bochard, abbé de Champigny et Cuincy; messire Antoine-Louis Bochard, chanoine de Chartres, cousins paternels, du côté du futur époux ; messire Marie-Nicolas le Chapelain, curé de Mareil près Saint-Germain, amy ; messire Guillaume Briçonnet, président au grand Conseil et messire Jean-Baptiste Briçonnet, cousins paternels; messire Charles-Bernard Briçonnet, chevalier, seigneur de Glatigny, cousin paternel; messire Denis Mareschal, conseiller du roi, seigneur patron de Vaugirard, cousin germain paternel à cause de dame Claude Briçonnet, son épouse; messire Jérosme Thibault, seigneur de Borinet, maître des Comptes, cousin germain paternel à cause de Françoise Briçonnet, sa femme; messire Pierre Pithou, [1] chevalier, vicomte de la Rivière, oncle maternel ; messire Claude le Pelletier, conseiller du roy, cousin maternel; messire Jérosme le Pelletier, son frère; Michel le Pelletier, conseiller du roy, cousins.

(10)

Par contrat du 8 septembre 1700, passé par devant Montains, notaire à Étampes. Messire Jacques des Essarts, chevalier et Dame Marguerite de Chartres, son épouse, ont vendu, cédé et transporté à Haute et Puissante Dame Françoise le Prevost, marquise d'Oysonville, etc, la terre et seigneurie de Gueurville.

---

[1] Par brevet du 29 mars 1623, (archives du Bouchet) signé Anne, la reine nomme la dame de la Chaussée-Briçonnet, née Louise Pithou, dame d'honneur.

## Testament de Madame la Marquise d'Oysonville.

Au nom de Dieu et de Notre-Seigneur Jésus-Christ, reconnaissant la certitude de la mort et l'incertitude de son heure, moy Françoise le Prévost, marquise d'Oysonville, j'écris ce mien testament de ma main et ordonnance de dernière volonté. Désirant après avoir donné mon ame à Dieu et supplié de me faire miséricorde par le mérite du sang de Jésus-Christ et l'intercession de ses saints, que mon corps soit enterré en l'église d'Oysonville, soit que j'y meure ou non, qu'il y soit fait, sans tenture ny cérémonies, trois services, qu'il soit paié au chapelain le reste des messes qu'il peut dire, pour remplir un annuel avec celles que j'ay fondées, et 500 livres, une fois payées, données pour les pauvres de la dite paroisse, le plus justement distribué qu'il pourra estre fait. Sy je meure à Paris, je désire qu'il n'y ait nulle tenture de deuil dans l'église où sera fait le service pour moy, à neuf heures du matin, à quelque paroisse que ce soit où je demeureray; j'ay donné 200 livres aux pauvres de la dite paroisse et 200 livres, une fois paiées de mesmes, au confesseur que j'auray dans la dite paroisse, pour qu'il ait la bonté de prier Dieu pour moy. Sy je ne meure point à Paris, je désire qu'il soit donné 100 livres au grand couvent des Cordeliers, pour qu'il fasse un service où mes parents et amis puissent assister, à 9 heures du matin, à prier Dieu pour moy, comme ils eussent pu faire à ma paroisse sy je fusse morte à Paris. Je désire qu'il soit payé de quoy dire par les sieurs curés de Bougival, de Congerville, de Gaudreville, de Chalo-Saint-Mars, du Plessis-Dancé, de Germigny, de Vraux, de la Chapelle-Hugon, du Gravier et d'Hignon, une messe haute et vigille annoncez au prosne, le dimanche auparavant; qu'il soit donné et payé sur mon bien de mesme 400 livres aux pauvres de Germigny, 200 à ceux de Bougival et 200 aux pauvres de chacune paroisse que je viens de nommer. Je donne et lègue à messire Samuel de la Grange et à ses frères, mes cousins, substituez de l'un à l'autre, quelque tems que ce peut être, tout ce qu'ils me pourroient debvoir, cest à dire l'un mourant sans enfans me debvant quelque chose, je lui donne sans garantie au survivant, pour s'en faire paier comme étant en mes droits, du mieux que poura, avant tous autres créanciers. Je donne et lègue à Mademoiselle de la Salle, leur nièce, 100 livres par an, de pension viagère, à prendre sur ma ferme de Vaubesnard, à la charge qu'elle ne puisse se marier qu'à un gentilhomme. Je donne à la demoiselle Anne-Henriette de Poilloue, ditte Valerye, en cas qu'elle me serve encore à ma mort, le linge et habits servant à ma personne, et de pension viagère à prendre sur telles de mes terres de Beauce qu'elle voudra, d'autant de 6 livres de rente qu'elle aura esté d'années complètes à mon service, ou 1200 livres à son choix, une fois payées dans l'an de ma mort, et à mes autres domestiques qui m'auraient servy un an, l'année de gage au par dessus de ce qu'il leur seroit deub, demy année à celuy ou celles autres depuis. Je donne à Françoise le Clerc, ma filleule, outre son logement dans la chambre où elle est, 20 livres par an sa vie durant, à prendre sur le four à ban d'Oysonville, à la charge par elle de montrer à lire tant qu'elle le pourra faire à 6 pauvres petites filles, et en cas qu'elle ne fust pas au monde ou quelle ne me survesquit pas 20 ans, à une autre maîtresse : sera pris de mesme pendant 20 ans sur le dit four, 15 livres par an, pour faire aprendre à lire à de pauvres petits garçons, et donner aux pauvres, pour 6 livres par mois de pain, par le fournier, pendant les dittes vingt années, des plus pauvres de la paroisse, pour qu'ils prient Dieu pour moy ; et à tous mes filleults et filleules outre la dite le Clerc, 100 livres, une fois payées en argent, qui seront vivants à ma mort, et quand à elle, les dits 100 livres luy seront donnés peu à peu dans les grands besoins de sa vie. Sy Mademoiselle de Remenerie me survit, je lui donne par mois l'escu de 36 livres, sa vie durant, à prendre sur ma maison du Plessis-Dancé, au Perche, à ma mort ou sur mes rentes de la maison de ville ; à la mission des Jésuites de la Chine, pour le soullagement du Père Renardon et son successeur, pendant 20 ans aujourdhuy, 20 écus par an, que je prie Monsieur et Madame de la Frezelière, paier exactement comme à la dite demoiselle de la Remenerie, ledit escu par mois. Je donne 50 livres de pension viagère à ma fille, la religieuse ; autant à chacune de mes belles-sœurs, à prendre sur telles de mes terres d'Oysonville, qu'il leur plaira de choisir. Sy je n'avois point fait de fondation, ainsy que je désire en faire une, à la chapelle de Chateauregnault, je désire quil soit pris ce qu'il sera nécessaire, pour l'achapt d'un fond qui puisse fournir 100 livres par an à un prestre, pour dire une messe, de 2 dimanches, l'un, en laditte chapelle à toutes les fêtes de l'année hors les quatre annuelles, à 11 heures 1/2 du matin, tant pour feu mon cher époux que pour feu messire Thomas Briçonnet, son cousin, que pour moy, laquelle fondation, je prie l'exécuteur de mon testament cy après nommé, vouloir bien faire, luy donnant pouvoir de vendre tels effets qu'il avisera bon estre pour l'exécution de tous mes dits legs, sy l'argent, effets mobiliers et revenus qu'il pourroit toucher, ne suffisoient pas et pour le paiement de mes dettes et legs. Et à l'égard du surplus de tous mes biens, la plupart estant acquités, dont mon fils François-Bernard et Paule-Louise, comtesse de la Frézelière, ma fille, doivent avoir obligation à la mémoire de leur cher père et à moy qui les auroit pu augmenter davantage, si je n'avois pas cru plus agréable et plus advantageux de me dépouiller en les mariant, scavoir du thiers pour la dite dame ma fille et les deux thiers en faveur de mon dit fils, non seullement de quatre mille livres de rente de douaire, de 10,000 livres de principal, de la moitié des acquêts de communauté qui leur appartenoit du chef de leur dit père, dont je devois avoir les fruits ma vie durant, de mesme d'avance sur ma succession, dont je ne fais mention en ce mien testament que pour leur remettre en mémoire l'amitié que j'ay toujours pour eux, ils puissent répondre de meilleur cœur aux deux seules choses que j'ay désiré en ma vie, qui est une sincère amitié entre eux deux et que le bien que je leur ay conservé et amassé avec peine, peust passer à leurs enfants. De tout lequel bien désirant faire un partage entre les dits Bernard-François, mon fils, et la dite dame comtesse de la Frézelière, ma fille, le plus juste, le plus commode et le plus convenable pour eux que je le puis, affin de leur oster touttes matières de contestations et de procès, ainsi que feu mon cher époux et moy l'avons toujours désiré, après avoir avec beaucoup de soing fait l'estimation de ces biens et les avoir portés à leur juste valleur, dans leur mariage; et maintenant je donne à ma fille, tant pour remplir les 40,000 livres que je lui avois assurés, que pour la part et portion qu'elle peut prétendre sur le surplus de ma succession, ma terre du Plessis-Dancé, celle de Léchasserie, celle de la Bourdinière, scises au païs du Perche, avec deux années d'arrerages, du prix qu'elles sont affermées, sy tant est que les fermiers les doivent, à prendre sur les fermiers, sur le domaine de Chastellerault, le peu de meubles qui sont dans mon habitation de la Chaussée, plus environ 500 livres de rente deubs par plusieurs habitants de Ruel et tous les arrérages qui m'en sont deubs, plus 3,800 livres de principal que Monsieur son mary et elle me doivent par un contrat de constitution, 3,000 livres d'un autre sous le nom de Monsieur de Rigny, les arrérages qui m'en seroient deubs, plus 11,000 livres de principal à moy deubs du reste du prix de Champlatreux, par Monsieur le comte de Novion, plus 500 livres de principal de rente, aussy à moy deubs par Madame la duchesse de Verneuil, et quatre années d'arrérages deubs; touttes et lesquelles choses n'exédant point en conscience au pardessus de 10,000 livres le thiers de mon bien, suys en pleine possession de luy laisser, ne voulant comme je l'ay dit laisser à mon fils aucun sujet de plainte légitime, ny luy retrancher aucun de ses avantages que je luy ay fait espérer en mariage dont je dois être contant. Voulant d'ailleurs d'autant plus assurer dans ma famille le bien que Dieu me fait la grâce de me donner et qu'il y ait toujours un chef tant que je puis, qui soit en estat de soutenir le nom, *je substitue au fils aîné de mon dit fils, la terre d'Oysonville, avec 5 à 6,000 livres de meubles, s'il s'en trouvoit pour cela à ma mort et non pour plus, la terre de Congerville, ce qui m'est deub en celle d'Ezeaux et dépendances, et à ses enfans et descendants, d'aisné en aisné, tant que substitution peult avoir lieu, toujours des masles préférés aux femelles, à la charge de joindre et porter le nom de le Prévost ensuite de celui de Briçonnet, ou d'en escarteler les armes en mémoire de feu mon père, dont il est à souhaiter qu'ils puissent imiter le mérite, la sagesse et la vertu* [1]; *et en cas que mon fils ou ses enfants décédassent sans fils, je substitue aux mesmes charges à la fille aisnée, les dittes choses;* et au cas où il n'y auroit ny fils ny filles, je les substitue à ma fille de la Frezeliere sy elle étoit vivante et à ses descendans scavoir après elle à son second fils sy elle en avoit un, et en cas qu'elle n'en eust point à son fils ainé pour passer à son second fils s'il en avoit un, ensuitte au fils ainé de son second fils ne désirant qu'une fois cette préférence d'un cadet à un aisné pour contribuer à l'établissement d'une seconde branche dans le nom de Frezeau qui se souvint de celuy de le Prévost et fust tenu d'en escarteler les armes tant que substitution peut avoir lieu comme dit est, et sy ma dite fille comtesse de la Frezelière n'avoit point de fils, en ce cas j'appelle à la dite substitution aux mêmes charges l'aisnée de ses filles et ses

---

[1] Le baron d'Oysonville après avoir déclaré qu'il avait dû subir quelques pertes sur différents contrats, terminait son testament en disant : « Jestime quil vault mieux relascher du sien que trop rettenir. »

descendants d'aisnés en aisnés, masles tant que substitution peut avoir lieu, et au deffault des masles aux filles, en sorte que la dite substitution soit graduelle et perpétuelle autant que l'ordonnance le permet et à l'égard du surplus de mes biens que laisse à mon dit fils, je substitue tout ce qui m'est possible de substituer en général à tous ses enfans pour estre partagés entre eux, suivant la coutume ou ils seront scituez, et au cas qu'il n'eut pas d'enfans je luy substitue ma ditte fille de la Frezelière, sy elle est en vie, en mestant plus tous ses enfants en la place, pous estre partagé entre eulx, de mesme ce que j'ordonne et désire comme une mère le peut désirer, qui a travaillé toute sa vie pour le bien de tous ses enfans, dont mon dit fils, le premier, doit estre contant, tant pour les gros advantages que je luy fais et procure en me dépouillant des fruits de mes douaire et acquets de communauté et de biens mêmes, dont le revenu aurait put grossir mon bien, et par son mariage a osté encore la liberté, par amitié pour luy, de donner à ma fille plus de 10.000 livres au par-dessus du thiers de mon bien, et satisfait de voir que cette même amitié, passant à ses enfans, me fasse faire la disposition cy-dessus énoncée pour eux et pour ceux de sa sœur, et néanmoings sy par un mauvais conseil, mon dit fils voulant la contester, comme je n'ay fait la dite disposition de mon bien par ce même testament de cette manière, que pour de justes causes, qu'une mère raisonnable doit avoir pour le bien de sa famille. Je supplie très humblement tous ceux qui pourroient estre les juges de cette contestation de ne changer rien aux sages précautions, et même nécessaires que j'ay cru debvoir prendre pour l'établissement de tous mes enfans, nommant pour exécuteur de mon dit testament, M. Mareschal, conseiller au Parlement de Metz, mon cousin, le suppliant d'en accepter le soing, et faire insinuer à Estampes, à Paris, partout ou besoing sera à ma mort, et de prendre 100 louis d'or en espèces à ma mort, pour employer à ce qui luy plaira pour le souvenir de moy. Si Dieu disposoit de luy avant moy, je nomme et supplie aux mêmes conditions, Monsieur son père, d'en être l'exécuteur. Fait en ma maison de Paris, le 27 octobre 1700, leu et releu par moy, écript dans l'entier et signé de ma main.

F<sup>me</sup> Le Prévost d'Oysonville.

Et sur un morceau de papier servant d'enveloppe au dit testament, ou est un cachet de cire rouge, est écrit : Testament de moy, Marquise d'Oysonville, déposé par moy entre les mains de **M.** de la Rogerie, le suppliant, à ma mort, de le porter chez **M.** le lieutenant civil, selon l'usage ordinaire.

### (8)

En la présence du notaire royal à Oysonville, soussigné Philippe Gautier, marchand, demeurant à Oysonville, lequel a recognu et confessé avoir cy-devant reçu de Madame de Briçonnet de la Chaussée[1], par les mains et des deniers de M$^{me}$ la marquise d'Oysonville, la somme de 70 livres, pour de la serge et étoffe qu'il a envoyée à la dite dame de la Chaussée, suivant son ordre verbal, reçu par Louis Durand, tailleur, demeurant à Oysonville, père de la femme de chambre de la dite dame, de laquelle somme il quitte icelle dame et tout autre dont il quitte. Fait et passé à Oysonville, en présence de Pierre Renault, Eustache Lauvin, le 6 juin 1689.

### (11)

EXTRAIT DES DÉPENSES FAITES ET PAYÉES APRÈS L'EXÉCUTION TESTAMENTAIRE DE MADAME LA MARQUISE D'OYSONVILLE (1702).

486 livres, payées à M. Pothon, clerc des convois de la paroisse Saint-Louis, pour le convoy et transport du corps de la dame marquise d'Oysonville;

60 livres payées à M. Germond[2], médecin, pour ses visites pendant la maladie;

19 livres payées par le rendant au sieur curé d'Oysonville, pour le service fait au dit lieu;

16 livres au sieur curé de Congerville, pour le service fait au dit lieu;

La même somme payée au sieur curé de Gaudreville;

200 livres payées à messire Jean-Jacques Rogier, prestre habitué de la paroisse de Saint-Louis, et confesseur de la dite dame marquise;

100 livres à messire François de Poilloue, sieur de Gittonville, en qualité de filiol de la dite dame marquise;

---

[1] Mère du marquis d'Oysonville, elle avait été dame d'honneur de la reine Anne d'Autriche.

[2] Il était très en vogue dans la société parisienne.

*Document imprimé :* Je soussigné, commissaire au grand bureau des pauvres, confesse avoir reçu de Mme la marquise d'Oysonville, demeurant en la paroisse de Saint-Louis, la somme de 5 livres 4 sols, pour son aumosne et cottisation, pour les dits pauvres, pour l'annéé mil six cent quatre-vingt-dix-neuf, de laquelle somme je la quitte.

Fait le 1er jour de juillet mil six cent quatre-vingt-dix-neuf.         Amyon.

### (12)

Nous, sœur Gabrielle Anceaulme, humble prieure des prieuré et couvent de Notre-Dame de Haute-Bruyère, confessons avoir reçu de M. le marquis d'Oyson-ville, les sommes cy-après déclarées, scavoir la somme de 50 livres, pour trois mois qui échoiront au 29 du présent mois de septembre, de la pension de madamoi-selle Paule-Louise de Briçonnet [1], estant en ce monastère, et la somme de 100 livres, pour une demy-année qui commence de ce jourd'hui Dimanche, 25 de septembre, et qui finira au 25e jour de mars prochain 1679, de la pention de madamoiselle Françoise de Briçonnet, aussy sa fille, à présent en ce dit monastère, desquelles sommes cy-dessus nous quittons le dit sieur marquis d'Oysonville, et tous autres. Fait à Haute-Bruyère, ce 25e jour de septembre mil six cent soixante-dix-huit.         Sœur Gabrielle Anceaulme.

### (13)

Nous, soussignez, supérieure du monastère de la Conception Nostre-Dame, confesse avoir reçu de madame la marquise d'Oysonville, la somme de soixante et deux livres dix sols, pour un cartier de la pension de madamoiselle sa fille, qui a commencé le premier jour de ce présent mois et dont nous la tenons quitte et tous autres. Fait à Paris, en nostre dit monastère, le quatorzième d'octobre 1680.
         Sœur Marie de Saint-François, supérieure.

---

[1] La future marquise de la Frezelière fut ensuite avec sa sœur à Haute-Bruyère, ou se trouvait déjà la sœur Clémence Briçonnet, leur tante. Paule-Louise ne resta qu'un an, et fut mise ensuite à la Conception Notre-Dame, pour y terminer son éducation, tandis que Françoise, sa sœur, y prenait le voile au bout de peu d'années.

## (14)

Madame la marquise d'Oysonville doibt aux sieurs Bouchers, marchands à Paris, du 2 mars 1690, pour le mariage de Madamoiselle : pour une grande juppe chamarrée, plaine, soixante et seize onces, cinq gros de large et moyen agrément d'or, ruché de point d'Espagne, 498 livres. Pour une autre juppe, vingt-quatre onces quatre gros d'agrément d'or du nouveau, 159 livres. Reçu le comptant cy-dessus de Madame la marquise et pour toutes soldes, le 23 décembre 1691.

## (15)

### Contrat de mariage passé a Versailles le 8 mars 1690, entre M. le Comte de la Frezelière et Mlle Paule-Marie Briçonnet d'Oysonville

De l'agrément de Sa Majesté, en présence de Monseigneur le Dauphin, de S. A. R. M. le duc d'Orléans, frère unique de S. M., de S. A. R. Mme d'Orléans de Montpensier, princesse de Dombes, de S. A. S. Mlle Christine, princesse de Salm, Mgr Charles François Le Tellier, marquis de Louvois et de Courtanvaux [1], ministre d'Etat, commandeur des Ordres; de Mme la marquise d'Oysonville, mère de la dite damoiselle, future épouse; de Mgr le maréchal de Luxembourg; de Mgr le duc de Montmorency [2]; de Mgr le maréchal et Mme la maréchale d'Humières; de Mme la maréchale de la Mothe [3]; de Mlle la duchesse de Richelieu; de M. le marquis de Beauvau du Rivau; de M. Colbert de Saint-Pouange; de messire François de Valory, prieur de Vaizé; de messire Madeleine Charles de Frézeau de la Frézelière, abbé de St-Sévère, frère du seigneur futur époux; de M. le marquis d'Oysonville, frère de la damoiselle future épouse; de messire Thomas Briçonnet; de Mme de Beaurains, née Françoise Briçonnet; de Mme Clémence Briçonnet, femme de messire Denis Mareschal; de Madame de Durand de Villegagnon; de M. le marquis de la Cournie; de messire Charles de la Rochefoucault, seigneur de Montendre,

---

[1] Parent par sa femme, née de Souvré, arrière petite-fille de Claude Robertel, baron de Bury, secrétaire d'Etat, et d'Anne Briçonnet, sa femme.

[2] Parents du Comte de la Frézelière, petit-fils d'une Montmorency.

[3] Les la Mothe Houdancourt étaient parents des d'Oysonville par les Bochart et les Sublet.

cousins; de messire Léon de Balsac d'Antraigues d'Illiers, marquis d'Antraigues, cousin; de messire Jean Tenon de la Guerche, seigneur de Bonfoy, cousin; de messire Louis le Pelletier, président à Mortier; de messire Michel le Pelletier, conseiller d'État; de messire Hiérosme le Pelletier, conseiller d'honneur au Parlement, cousins; de M^me la marquise de Nargonne, veuve, tante de la dite damoiselle future épouse; de M^me Suzanne de Nargonne, marquise des Vaux de Levaré, sa cousine-germaine; de messire Jean François des Vaux, marquis de Levaré, cousin; de dame Catherine Talon, veuve de messire Jean-Baptiste le Picart de Périgny, maître des requêtes, cousine; de M^me de la Houssaye, cousine; de messire Henry d'Aguesseau, chevalier, conseiller d'État, cousin; de Charles-Marie de Saulx, comte de Tavaunes et de Beaumont, grand bailly de Bourgogne et dame Marie d'Aguesseau, sa femme, cousins; de M^me la marquise de Fourille et de la Grange, cousine; de messire Claude de Bretagne, comte de Vertus et d'Avaugour, premier baron de Bretagne, cousin; de messire Henry d'Escoubleau, comte de Montluc, cousin; de messire Jacques François Barrin, marquis de la Galissonnière, cousin ; de M^me Anne de Frézeau, veuve de messire René de Rouxellé de Saché, marquis de la Roche Milay et de Gizeux, tante du seigneur futur époux, et par procuration de messire Charles de Maillé, marquis de la Tour Landry et de Jalesnes, et de dame Madeleine de Broc, parents.

---

(16)

**FRANÇOIS-BERNARD BRIÇONNET, Marquis d'Oysonville
et Madeleine-Marguerite de Sève**

(17)

A M. Garos, receveur de M^me la marquise de la Frezelière,
en son château de Monts.         Du Bouchet, ce 20 Décembre 1695.

Je suis ravi, Monsieur, de trouver l'occasion de vous remercier de la pene que vous avez bien voulu prendre d'aller à Chateleros avec mon valet de chambre, et suis au désespoir que vous aies pris ceste pene là inutilement, mon valet de chambre m'aiant dit que l'argent estoit donné à Poitiers et prest à recevoir, cela m'aiant esté donné par ma mère au lieu d'en donner à M. le marquis de Mallé, comme je vous avois prié, vous m'obligeres sensiblement de donner toute la somme, lorsque vous l'aures reçue, à ma sœur, avec qui je m'en suis accommodé, et de croire que l'on ne peust estre plus à vous que l'est

le marquis d'Oysonville.

Le 2 septembre 1700, célébration du mariage à Saint-Sulpice, de messire Charles-Bernard Briçonnet, marquis d'Oysonville, âgé de 24 ans, capitaine de cavalerie et damoiselle Marie-Madeleine de Sève, âgée de 15 ans, demeurant rue neuve Saint-Lambert.

(18)

Contrat de mariage du 1ᵉʳ septembre 1700 entre haut et puissant seigneur messire François-Bernard Briçonnet, chevalier, marquis d'Oysonville, baron de Germigny-en-Bourbonnais, capitaine de cavalerie, demeurant à Paris, Isle Nostre-Dame, rue Saint-Louis, et damoisellle Marie-Madeleine de Sève, fille de feu messire Jean de Sève, marquis de Gommerville, capitaine des gardes françaises et de dame Marie de Bernage; présents du côté du seigneur futur époux : messire François Briçonnet, dame Rose Briçonnet, veuve de messire Denis Mareschal, messire Étienne d'Aligre, seigneur de la Rivière[1], messire Pierre d'Argouges, marquis de La Chapelle, conseiller d'État, messire Michel le Pelletier, conseiller d'État, dame Le Prévost, veuve de M. le marquis de Nargonne, messire Antoine Turgot de Saint-Clair et dame Jeanne du Tillet, sa femme, le comte de Bregy et le président de Boissise; du côté de la damoiselle future épouse: Illustrissime et révérendissime Mᵍʳ Guy de Sève de Rochechouart, évêque d'Arras; messire Henry Testu de Balincourt, capitaine des chasses, aussy oncle; messire Guillaume de Sève, chevalier, capitaine des carabiniers, cousin-germain; messire Louis Tronson, abbé de Saint-Amour, cousin paternel; Charles de Barentin; messire Claude de Sève, prêtre; Mᵐᵉ la comtesse de Villetaneuse, tante; messire Guy de Sève d'Isy, prêtre; messire Pierre

---

[1] Parents des d'Oysonville, par Madeleine le Pelletier, sa femme.

de Bernage, cousin maternel; messire Camus de Pontcarré, etc.; M^lle de Sève apporte les terres et seigneuries de la Coutaudière, du Briou en Berry et de Gommerville, Garancières et Pierre-Sèche en Beauce, avec la moitié de l'hôtel de Sève, proche celui de Condé, à Paris.

Mémoire de l'abit de noce de M^lle de Sève, mémoire de ce qui a esté donné à M^me la marquise d'Oysonville, née de Sève, par la veuve Ruelle, marchande, à Paris, du 30 août dernier (1700).

Etoffe cramoisy et or, 47 livres; taffetas d'Angleterre, 29 livres ; taffetas de Florence cramoisy, étoffe vert et or, étoffe bleu et or, taffetas d'Angleterre bleu, étoffe rosé et argent, étoffe soucy et argent, chagrin rose, total 1286 livres.

(19)

Par lettres patentes signées du roi et contresignées de Chamillart, à Versailles, le 3 septembre 1702, le marquis d'Oysonville est autorisé à avoir un régiment nouvellement levé.

Il est deub au sieur de la Balle, marchand de draps, à Paris, pour l'habillement complet des soldats, sergents, tambours et uniformes des officiers du régiment d'Oysonville infanterie, à présent Artaignan, dès le mois d'avril 1703, la somme de 33.411 livres. J'ai reçu de M. le marquis d'Oysonville, par les mains de M. Porée, la somme de 3.000 livres, acompte des 6.000 qu'il doibt me payer sur l'habillement de son régiment. — Fait à Paris, le 2 mars 1703.

De la Balle.

(20)

Je vous prie, monsieur, de me faire une couple de perruques pesantes, comme vous savez que je les porte et de vouloir bien me les envoier par le mésager de Bogé, qui demeure rue de la Harpe, à l'Image Saint-Eustache. Marais aura soin de vous les peier, le plustost que vous pourès me les envoier, vous m'obligerès.

Au Bouchet, ce 20 juillet 1704.          Le marquis d'Oysonville.

En me faisans réponse, adressés-moi à Bogé, pour le château du Bouchet. —
Monsieur Hanter, perruquier, rue Neuve-Saint-Merry, à Paris.


## (21)

Le 19 mars 1704, messire Nicolas d'Allonville, seigneur du Plessis, ayde-
-major du régiment d'Oysonville infanterie, de présent, en garnison à Luxembourg,
déclare qu'il ne luy est rien dù par M. le marquis d'Oysonville, colonel du dit
régiment.


## (22)

Le 2 juillet 1716, mort au Bouchet et le 3 inhumation du marquis François
Bernard, dans le chœur de l'église de Lasse. Il était mort à 4 heures du soir, à
l'âge de 40 ans.


## (23)

A Oysonville, ce 4 juin 1721,

J'ay reçeu la lettre de M. Lanaux, écritte de votre main, ma chère demoiselle
je n'y ay pas répondu parce que j'attandais de jour en jour que des accordes qui
vont à Paris pour ce faire habiller, eussent décidé du jour de leur départ, affin
que ma fille alla avec eux, ils seront porteur de cette lettre et vous conterons les
nouvelles, il conte bien que vous leur aideres à faire leur emplette. Je vous prie
donner à Leroux ces quatre cens livres que vous me marqué avoir, cette lettre
vous servira s'il en est nécessaire comme je le croy, je vous embrasse ma chère
demoiselle et la petite brebis. Je croy que vous trouveres ma petite fille bien
grandie.                                                   de Sève d'Oysonville.


## (24)

TESTAMENT DE LA MARQUISE D'OYSONVILLE, NÉE DE SÈVE

Au nom du Père, du Fils et du Saint-Esprit, je recommande mon âme à Dieu,
et luy demande de vivre et de mourir dans sa sainte grâce. J'ay fait ce mien testament où il sera cy-après expliqué mes dernières volontés. Je demande à être

enterrée à la paroisse dans laquelle je moureré, sens tenture, cérémonie et au moins de frais qu'il sera possible, je désire qu'on me fasse dire 200 messes, soit dans les premiers jours de ma mort, soit dans l'espace de six semaines. Je laisse aux pauvres de la paroisse où je seray enterrée, 100 livres une fois payés. Je désire que mes debtes soient payés et les billets qui se trouveront écris et signé de ma main. Je lesse à ma femme de chambre 150 livres de rente viagère et ma garde robe ; à Martino, mon laquais, 300 livres une fois payés et à l'égard de ses gages je luy en dois plusieurs années, comme on le verra, depuis un billet que je luy ay fait, ne lui ayant rien donné depuis, ils sont de 90 livres par an, je désire que cela luy soit payés, à l'égard des domestiques que j'ay en Anjou, on s'en raportera au compte de Meunier et à ce qu'il en dira, car il est de bon compte. Je lesse aux pauvres de Gommerville 100 livres une fois payés et 50 livres aussy une fois payés à ceux d'Oysonville, à cause du long séjour que j'y ay fait, ces présens legs serons payés et distribués par mon exécuteur testamentaire cy apprest nomé en une ou deux années selon sa comodité, ainsy que ceux que il pourrait faire cy après est. Je demande à ma mère sa sainte bénédiction sy je meurs avant elle, et la prie de ne pas m'oublier dans ses prières, je luy donne pour marque de souvenir un de mes sucriers d'argent, désirant marquer à M^me de Guibeville [1], ma reconnoissance de toutes ses bontés que je n'oublieres jamais, je la prie d'accepter en bonne amitié un diamant de 2.000 livres. Je lesse à ma fille ma montre et ma bague verte et ma toilette avec léguerre et la jatte d'argent, les deux flambeaux et le petit aus armes de ma belle-mère, le tout d'argent. Je recommande à mes enfants l'union, leur donne ma bénédiction et je recommande aux cadets le respect pour leur aîné et à luy l'amitié et le soin à ses cadets, je le fais mon exécuteur testamentaire et luy lesse pour cela 300 livres une fois paiés, je luy donne si la coutume me le permet, mes meubles et ma vaisselle d'argent, et en cas que je ne puisse point, j'ordonne que mes meubles et la vaisselle ne soit pas vendue, non plus que mon linge, que j'entend aussi luy donner si je le puis, ou sinon qu'elle ne soit point vendue non plus, à moins qu'ille ne le juge appropos et qu'ille en fasse faire l'estimation, dont il donnera la part qui en pouroit revenir à ses frères et sœurs à leur majorité,

[1] Geneviève de Sève, veuve d'Antoine de Genoude, seigneur de Guibeville, cousine de la marquise avec laquelle elle habitait, place Royale, à Paris.

sans leur tenir compte des intérêts. Je le prie de faire faire un memento pour moy, par le chapelain d'Oysonville, quant il dira des messes pour la fondation et je luy lesse pour cela 10 livres par an, pendant l'espace de veint années. J'approuve toute rature ou mots mals écrit dans ce présent testament, que j'ay leu et releu et que j'ordonne estre exécuté, estant saine de corps et d'esprit quant je l'ay fait, à Paris, ce 3 may 1727, me réservant de l'ogmanter ou diminuer sy le juge appropos.

De Sève d'Oysonville.

(25)

A Monsieur,
Monsieur de la Roucière, chez M<sup>me</sup> la Marquise d'Oysonville,
Au Bouchet.

20 janvier 1734, à Paris.

Je reçois Monsieur, avec beaucoup de satisfaction, l'attention que vous avès bien voulu avoir à me faire part de l'honneur que vous voulles bien nous faire d'épouser ma petite-fille, et des manières nobles avec laquelle vous en agissez. Je me flatte que son bon caractère et sa belle éducation vous dédomagerons d'une dot que la fortune luy laisse présentement et quelle se trouvera fort heureuse d'estre liée à une personne qui est douée d'aussy belles qualités. Vostre mérite, Monsieur, m'a esté vanté par des gens de vostre province et d'amys qui vous ont veus icy. Sans une malheureuse chute que j'ay fait depuis deux ans, je sortirais pour assister à ceste feste, mais elle retient ma vivacité, et me contente d'y assister en esprit et de faire des vœux les plus ardens pour votre santé et prospérité, et longue jouissance de vostre assortiment, vostre très humble et très obéissante servante.

Bernage de Sève.

(26)

DE L'ABBÉ DE SÈVE A M. DE LA ROUSSIÈRE

Je m'intéresse sy particullièrement, Monsieur, à ce qui regarde M<sup>lle</sup> d'Oysonville, à qui je suys liée également et par l'amytié et par le sang, que je n'ay pu qu'applaudir à son mariage que je croys devoir faire son bonheur, car les sentiments que

que vous me marqués à son suject, ne laissent aucun lieu d'en douter. Je suys aussy convaincu par son caractère d'esprit que ses sentiments pour vous étant tels que vous pouvès les désirer, elle contribuera en toute occasion à vostre satisfaction, et que ce sera une union très heureuse. J'y prends, Monsieur, toute la part possible des deus côtés, car le lien qui va vous unir l'un et l'autre, en me procurant l'honneur de votre alliance, m'attachera à vous comme à elle. C'est une raison pour moy d'espérer la même part dans vostre amytié que j'ay dans la sienne. Je vous prie d'estre persuadé que je feray tout mon possible pour la mériter et pour vous faire connoître la considération singulière et le parfait attachement avec lesquels j'ay l'honneur d'estre, Monsieur, vostre très humble et très obéissant serviteur.

A Paris, ce 20 janvier 1734. L'abbé de Sève.

(27)

### De M<sup>me</sup> la Marquise de Balincourt, née de Montmartin, a M. de la Roussière, au chateau du Bouchet.

A Paris, ce 23 février 1734.

J'ay reçu, Monsieur, avec un plaisir infiny, la lettre que vous m'avez fait l'honneur de m'escrire, je suis charmée de ce que vous me paroissés contant de vostre mariage, plus vous vivrez avec M<sup>me</sup> de la Roussière, et plus vous aurrès lieu d'estre satisfait de l'acquisition que vous en aves faite, comme je l'aime beaucoup, j'ay pris une part infini au bonheur qu'elle a eu de trouver une personne dont on dit autant de bien que de vous. Je ne manquerés pas de mander à M. de Balincourt la grâce que vous luy faites, Monsieur mon cher cousin, de désirer qu'il est de l'amitié pour vous, je voudres fort que vous en eussiez pour moy, je chercheret toute ma vie les occcasions de la mériter, je vous en prie d'en estre bien persuadé et de me croire, Monsieur très parfaitement vostre très humble et très obéissante servante. Montmartin-Balincourt.

(28)

### De M. le marquis, depuis maréchal de Balincourt a M. le marquis de la Roussière, au chateau du Bouchet, près Baugé, en Anjou.

A Strasbourg, ce 4 mars 1734.

J'ay reçu, Monsieur, la lettre que vous m'aves fait l'honneur de m'écrire et je voudrais bien pouvoir trouver occasion de vous marquer le sincère intérest que je prends à tout ce qui vous regarde et la joye que j'ay de voir la satisfaction que vous trouvez dans vostre union avec M^me de la Roussière, je la crois assés bien née pour contribuer en tout ce qui dépendra d'elle à la douceur de vostre vie, et n'aurois pas besoin de ly exorter, comme vostre lettre m'est commune avec la sienne, je vous prie de trouver bon que la réponse le soit aussy et que je la félicite sur son heureux établissement. La nouvelle qu'elle m'a mandée de la mort de M. de Pierrebasse, m'a fort surpris et m'afflige fort, par le mauvais état dans lequel il laisse ses affaires à des filles qui auront bien de la peine à desmesler tout ce cahos. Cependant on l'accusoit d'estre un peu déraisonable sur ses procès, ses filles seront peut-être mieux conseillier et en viendront plus aisément à un acco-modement, ce qui seroit fort à désirer pour elles. Permettez que je fasse bien des compliments à M^me d'Oysonville et que je vous assure du parfait attachement avec lequel je suis, Monsieur, votre très humbles et très obéissant serviteur.

Balincourt.

(29)

A Monsieur,
Monsieur de la Roussière de Launay-Bafert,

A Paris, 10 juillet 1734.

Sachant Monsieur, que ma cousine, vostre femme est grosse, je me dispense pour aujourd'hui et pour épargner la douleur de luy faire d'aultre compliment que par vous, Monsieur, sur la mort de son frère esné et peut être du second[1], j'ay moy-même trop besoin de consolation pour en pouvoir aporter à aucun de vous, ny vous rien dire de plus sur ce triste sujet. J'ay l'honneur, Monsieur, de vous écrire ches M^me de la Roussière, et je vous prie de ne pas trouver mauvais si j'use de si peu de papier, c'est pour randre le paquet moins gros. M. l'abbé de Sève y en joignant aussy d'autres, sous le couvert de M^me de la Roussière. Dans ce moment, nous apprenons que le chevalier n'a rien à craindre de sa blessure faitte

---

[1] Le marquis d'Oysonville venait d'être tué et le chevalier, son frère, grièvement blessé à la bataille de Parme.

je vous prie passér ce propos. Mes respects à M<sup>me</sup> de la Roussière et ma lettre à la mère désolée. Réservés, mon cher cousin, les assurances de mon attachement.

le comte d'Arquian.

(30)

Le château de Gaudreville estant en mauvais état en l'année 1714 et 1715, M. le marquis le fit démolir et fit transporter les bois et autres matériaux à Oysonville, il y resta cependant un pavillon et des galleries, que M. le marquis, dernier décédé (Charles-Bernard), a fait démolir.

(31)

A Monsieur,
Monsieur Ruzé, à Oysonville,
à Estampes.           A Paris, ce 14 août 1736.

Ce matin, la femme de l'image Saint-Jacques m'a apporter, Monsieur, 800 livres. J'en ai donné mon reçu au nom de M. le chevalier, mais à votre décharge, je vous ay accusés réception des 1000 livres par le carosse d'Estampes, ce qui fait en tout 1800 livres, lesquels receu donné de ma part en accusation de la réception des dites mille livres, par le carosse d'Estampes, ne servirons que d'un, sy cette lettre ne suffit pas et que vous vouliez un autre reçeu vous me le marquerès, vous seres sans doute surpris du triste évènement dont je vous fais part, M<sup>me</sup> la comtesse de Fontenille[1] accouche il y a aujourd'hui 8 jours, d'un garçon, fort heureusement pour elle, mais l'enfant mourut un instant après ayant esté promptement ondoyés. Elle se portoit bien, mais avant hier, elle eut un peu de fièvre, et hier sur les deux heures, tourna à la mort et mourut environ vers les quatres, vous jugé aisément de la désolation de toute la famille, come il a couru depuis le 29 juin, 6 semaines de douaire, et que cesant à l'avenir, on ne pourra se dispenser d'achever de payer le reste le mois prochain, je vous prie, Monsieur, de vous arranger de façon que nous puissions nous tirer avec honneur de cette affaire et convenablement à ce triste événement.

Je suis, Monsieur, etc., etc.           De Sève d'Oysonville.

---

[1] Sa belle-fille, remariée à Jean-Antoine de la Roche, comte de Fontenilles, morte à Paris, rue du Grand-Chantier.

(32)

A Madame,

Madame de la Roussière, à Launé.          Au Bouchet, ce 16 juin 1738.

Je ne manqueres pas, ma chère fille, d'escrire demain à M. Geoffroy, en confor-
mité de ce que vous me mandés. Saint-Jean me donna devant la bonne vostre
lettre, mais elle n'y fist guère garde, elle jouait au piquet avec votre belle-sœur,
vostre père revint hier au soir, il n'a rien appris de nouveau dans sa course et est
allé à Baugé, j'ay envoyé mon consentement pour vendre les grains, mais j'ay
peur que les réserves que j'ay faites ne conviennent pas au prieuré, il est juste que
chacun veille à cest intérest. Le dessein s'est trouvé, vostre père l'avoit dans sa
poche, la bonne estoit un peu faschée de l'absance de Marie-Ane, son arrivée répara
tout. Je ne vous fais compliment de personne, parce que je suis seulle, adieu ma
chère fille, mes amitiés à M<sup>me</sup> du Serein [1] et au gros fils.

De Sève d'Oysonville.

(33)

5 juillet 1716, inhumation dans le chœur de l'église, de très haut et très puissant seigneur François-Bernard Briçonnet, marquis d'Oysonville, décédé la veille,
à 6 h. du soir.

(34)

GÉNÉALOGIE DE MARIE-MADELEINE DE SÈVE, MARQUISE D'OYSONVILLE

La Maison de Sève, venue des marquis de Seva, en Italie, s'établit en France
en la personne de Pietro de Seva, l'arrière petit-fils de ce personnage, autre Pierre
de Sève, né en 1499, épousa en 1537, Marguerite Camus, de la famille des
Pontcarré, ce qui explique la parenté des Sève avec les Camus de Gaudreville,
dont était l'illustre évêque du Belley, ami de saint François de Sales et avec les
Camus de Pontcarré, souvent aussi cités dans les contrats suivants. De ce Pierre

---

[1] Anne-Renée de Gennes, morte le 26 février 1747, au château de Launay, proche Parente de M. de
la Roussière, elle était veuve de Michel-Clément Deschamps, seigneur du Serain.

sont sorties : 1° la branche des seigneurs de Laval et barons de Flechères en Lyonnais, qui a produit deux premiers présidents du parlement des Dombes, un premier président de la Cour des Monnaies de Lyon et s'est alliée aux maisons de Villars, de Levis, de Saulxtavannes, de Châteauneuf Rochebonne, Damas, etc., 2° la branche d'Aubeville, alliée aux marquis de Goupillères, Choart de Buzenval, etc., enfin la branche à laquelle appartenait Marie-Madeleine de Sève, marquise d'Oysonville, sortie du fils cadet de Pierre et de Marguerite Camus, Guillaume qui suit :

VI. — *Guillaume de Sève*, seigneur de Saint-Julien et de Mérobert, né en 1558, receveur des Gabelles de la généralité d'Orléans. Le 6 septembre 1641, on fit l'évaluation des terres et biens délaissés par messire Guillaume de Sève, seigneur de Saint-Julien, Merobert, etc., et par dame Catherine Catin, sa femme : 1° la terre et seigneurie de Merobert en Beauce, comprenant un chasteau avec grand corps de logis, pressouers, escuries, clos de fossés, parc fermé de murs, jardin planté d'arbres fruitiers, boys de haute futaye, boy au Plessis-Saint-Benoist, le tout chargé de 76 livres envers l'abbaye de Josaphat ; la terre et seigneurie de Longuetoise et Cherelles, paroisse de Chalo Saint-Mard, acquis par feu M. de Saint-Julien, soubs le nom de messire Benjamin de Sève, son frère, comprenant maison, chapelle, logement de fermier, etc.; la terre et seigneurie de Maintenon, sise au Bréau Saint-Lubin ; la terre et seigneurie de Chastignonville en Beauce, acquise par Catherine de Rochefort, mère de M^me de Saint-Julien ; la seigneurie de Domainville, coutume d'Orléans donnée en avancement d'hoirie à messire Jean de Sève, par donation passée à Mesrobert, le 10 décembre 1636 ; la ferme de Chesniers à Villeneuve-sous-Dammartin ; la seigneurie de Nohant, près de La Chastre en Berry, donnée, avec la seigneurie de Plotard, en dot à la dite dame de Saint-Julien, une grande maison faubourg Saint-Germain, rue Neuve-Saint-Lambert, joignant l'hôtel de Condé, en laquelle les dits seigneurs et dame de Sève ont toujours fait leur demeure, avec corps de logis, galleries, cour et jardin. Une maison vis-à-vis de la grande, où demeurent les enfants de M. Tronson ; une maison appelée l'hostel de Serpente, scize rue Serpente, etc., etc.

Femme : Par contrat du 20 octobre 1614, passé à Paris, damoiselle Catherine Catin, fille de feu Jean Catin, seigneur de Vères, de Flotart, de Champigny et de

Brion en Berry, de Villeneuve-sous-Dammartin, en France, demeurant à Saint-Germain-des-Prés, rue Neuve-Saint-Lambert et de noble damoiselle Catherine de Rochefort, présents à ce; pour le futur époux : Geoffroy Camus, seigneur de Pontcarré, son oncle maternel, conseiller d'Estat; messire Jean de Chaudon, seigneur de la Montagne, premier président de la Cour des Aydes; Monseigneur messire Christophe de Sève, conseiller du roy, maître des requêtes; messire Jean Camus, trésorier de France, à Rouen; messire Claude du Puy, conseiller du roi en la Cour du Parlement. Pour la damoiselle future espouse : messire Thomas de Rochefort, avocat en Parlement, bailly de Saint-Germain-des-Prés; messire Claude de Rochefort, seigneur de Nohant en Berry; Jean Vollant, seigneur de Croisy, etc. De ce mariage naquirent :

i. Jean de Sève, mort le 16 janvier 1644, conseiller du roy, président à la Cour des Aydes, seigneur de Mérobert. Femme : Renée de Guénégaud, dont (¹).

ii. Antoine de Sève, aumônier du roy, abbé de Lisle.

iii. Alexandre de Sève, qui suit.

iv. Claude de Sève, mariée à messire Louis Tronson, seigneur du Coudray, par contrat du 19 février 1618. Présents pour la mariée : Geoffroy Camus, seigneur de Pontcarré, oncle maternel; R. P. en Dieu Jehan Pierre Camus, évêque de Belley; messire Pierre Camus, évêque de Pera; messire Nicolas Camus, seigneur de Jouy, conseiller du roy; messire Jehan Camus, seigneur de Saint-Bonnet, gouverneur d'Etampes; messire Jean-Jacques de Sève; messire Paul de Sève, cousins; messire Nicolas de Rochefort, seigneur de Soupplainville; messire André Cathin, seigneur de Vaulx.

VII. — *Alexandre de Sève*, seigneur de Châtillon-le-Roy, Chastignonville, Launay, St-Maizelan, etc., cons^r. d'Etat, intendant de Provence, prévôt de Paris.

Femme : Par contrat passé le 20 janvier 1627, au château de Chastillon-le-Roy, par Tupin, notaire à Janville. Marie-Marguerite de Rochechouart, fille de feu Guy de Rochechouart, seigneur de Chastillon (du chef de Gabrielle d'Allonville-

---

' *a*) Claude, née en 1634, mariée à Antoine Girard, comte de Villetaneuse.

*b*) Elisabeth née en 1635.

*c*) Renée, née en 1639.

Oysonville, son aïeule), et de Louise d'Estampes, assistée de messire François de Rochechouart, seigneur de Saint-Cyr, oncle paternel et curateur et d'Antoinette de Beauclerc, sa femme, le futur époux du consentement de messire Guillaume de Sève, chev[er], seign[r] de St-Julien, Merobert, Longuetoise et de dame Catherine Catin, sa femme; présents encore pour la future espouse : sa mère; Jean d'Estampes, seigneur d'Autry en Berry, oncle; haut et puissant messire Jean-Jacques de la Grange, chevalier, seigneur d'Arquian, de Soulangy, etc., oncle paternel; messire Jacques de Plumé, seigneur de Haville et Marguerite des Noyers, cousins remués de germain du côté paternel à cause de la dite dame; de messire Michel de Beauclerc, baron d'Aschères, marquis de Mirebeau, grand maître des cérémonies de S. M. et dame Marguerite d'Estampes, sa femme; messire de Rochechouart, baron de Montigny et de dame Lamy, sa femme, tous cousins. Pour M. de Sève, présents : messire Jean de Sève, seigneur de Plotard et de Nohaut en Berry, conseiller d'Etat, président de la Cour des Aydes et dame Renée de Guénégaud, sa femme; Antoine de Sève, abbé de Lisle en Barois, prieur de Champdieu et de Saint-Jean-Dulmay en Champagne, aumônier du roi; Claude de Sève et Louis Tronson, seigneur du Coudray et du Perray. La future apporte sa part d'héritage du feu seigneur de Chastillon, son père et de feue dame Gabrielle d'Allonville, son aieule, soit Chastillon, Grigneville, Izy, Quincampoix, Boisseaux, Fontenettes, Abbéville, Pierre-Sèche « et parce que les branches de la famille de Rochechouart dont est
» issu le sieur de Chastillon-le-Roy se trouve à présent dépourvue d'enfants masles,
» a esté accordé qu'en cas qu'il plaise à Dieu donner aux dicts futurs espoux,
» deux ou plusieurs enfants masles, le second d'iceux portera le surnom de
» Rochechouart avec les armes de la dite famille, et en cas qu'il n'y en ait qu'un
» enfant masle, provenu du dit mariage, ou qu'il resta seul après le décès des dits
» futurs conjoints, il portera conjointement leur surnom et armes my parties ». —
Présent encore: Jacques de Saint-Perier, prestre, écuyer, né à Corbreuse en Beauce, demeurant paroisse de Saint-Sulpice, de ce mariage naquirent :

I. Guillaume de Sève, qui suit.

II. Guy de Sève Rochechouart, abbé de Lisle, seigneur de Saint-Cyr, depuis évêque d'Arras,

III. Jean de Sève, qui suivra à son rang.

IV. Claude-Marguerite, mariée à Henry Testu, marquis de Balincourt, capitaine des chasses de la garenne du Louvre.

V. Alexandre.

VI. Louise.

VIII. — *Guillaume de Sève*, seigneur de Chastillon-le-Roy, premier président au Parlement de Metz, le 11 juillet 1681, il avait été intendant de Bordeaux. Il mourut à 58 ans, en 1693, à deux jours d'intervalle de sa femme, et fut inhumé avec elle dans la chapelle Saint-Nicolas de la Cathédrale de Metz.

Femme : Par contrat passé le 2 février 1662, en l'hôtel de Sève, faubourg Saint-Germain, rue Neuve-Saint-Lambert, Anne Leclerc de Lesseville, fille de Nicolas, seigneur de Lesseville et de Magdeleine de Faramond. Du côté du futur époux : messire Guy de Sève Rochechouart, seigneur de Saint-Cyr, abbé de Lisle; messire Jean de Sève, seigneur de Gommerville, page de la chambre du roy, ses frères; messire Jean de Sève, seigneur de Mérobert, conseiller du roi, oncle paternel; Claude de Sève, veuve de M. Tronson, tante; messire Jacques d'Etampes, chevalier des Ordres du roi, marquis de la Ferté-Imbault, maréchal de France; haut et puissant messire Gabriel de Rochechouart, duc de Mortemart, chevalier des Ordres, premier gentilhomme de la Chambre, cousins maternels; messire Charles Tronson, seigneur de Longuetoise, conseiller du roy, cousin-germain paternel; messire Guillaume Tronson, seigneurr de Grandval, cousin-germain; Antoine Girard, comte de Villetaneuse, procureur général à la Chambre des Comptes, à cause de dame Claude de Sève, sa femme, cousin-germain paternel; Jean d'Estampes, bachelier en théologie; messire de Rochechouart, comte de Vivonne, premier gentilhomme de la Chambre, cousins maternels; messire Jean d'Estampes de Valençay, marquis d'Estampes, conseiller d'honneur au Parlement; messire de Monchy, marquis d'Hocquincourt, lieutenant général des armées, grand bailly de Péronne, Montdidier et Roye, cousins maternels; de messire Guillaume de Sève, seigneur de Laval, conseiller du roi, président du présidial de Lion, premier président du Parlement de Dombes, cousin issu de germain; messire Jean de Sève d'Aubeville, conseiller du roy; messire de Sève, seigneur du Plateau, cousins paternels; Geneviève Poncet, veuve de messire Michel de Conflans, marquis de Saint-Remy et en premières noces de Jean de Sève, conseiller d'État, cousine , messire Christophe de Sève, seigneur d'Estinville, La Montagne, maistre d'hostel du roy, cousin paternel ; messire Louis Laisné, seigneur de la Margrie, ancien premier président du Parlement de Bourgogne ; messire Michel Laisné, seigneur de Plassac, colonel du régiment des Gardes, cousins paternels ; messire Jean Le Coq, seigneur de Corbeville, conseiller d'État, à cause de N. de Sève, sa femme, cousins paternels ; messire Jean-François Le Coq, seigneur de Goupillères, cousin paternel ; messire Robert de Bragelonne, commandeur de Saint-Thomas, [seigneur de Charbonnières et de Bourcany, lieutenant des gardes du corps, cousin, à cause de Marie de Sève, sa femme ; M. Gontier, conseiller du roy ; messire Charles-Jean-Baptiste de Gontier, seigneur de Longeville, cousins paternels ; messire Pierre Camus de Pontcarré, aumônier du roy ; Nicolas Camus, seigneur de Pontcarré ; Louis Morineau, seigneur de Sure, maître d'hôtel ordinaire du roy, cousins paternels ; messire Antoine Le Prince, seigneur de la Bretonnière ; messire Antoine de Récouart, comte d'Hérouville, cousin paternel, à cause de Charlotte Le Prince ; messire Germain le Noir, seigneur de Maulon, principal du collège de Boissy ; messire François de Rochechouart, commandeur de Lagny, abbé de Jars et de Saint-Satur, ci-devant premier écuyer du duc d'Anjou, messire Henry de La Grange, marquis d'Arquian, comte de Maligny, capitaine-colonel des Suisses de Monsieur, cousins-germains maternels ; dame Gabrielle de Sauzay, veuve de M. de Rosmadec, seigneur de Montasilan ; messire François Hennequin, seigneur de Sermoncourt, baron du Saint-Empire, à cause de Jeanne de La Grange, sa femme, cousin maternel ; messire Ferdinand de Hennequin, seigneur de Curel, aussi baron du Saint-Empire, à cause de dame Caterine Georgette de la Haye, aussi cousin maternel. Suivent les parents de la damoiselle future épouse. M. et M^{me} de Sève, laissèrent quatre fils dont ne vinrent pas d'enfants.

**VIII.** — *Jean de Sève*, seigneur de Gommerville, page de la Chambre du roy, puis capitaine aux Gardes françaises. Il est mort à Paris, dans son hôtel de la rue Baillet, paroisse Saint-Germain-l'Auxerrois.

Femme : par contrat passé en la maison de M^{me} de Barentin, tante de la damoiséllle future épouse, quay d'Alençon, île Notre-Dame, le 7 août 1683, Damoiselle Marie de Bernage, demeurant rue de la Monnaie, fille de messire

Charles de Bernage, seigneur de Lavus, maitre d'hostel ordinaire du roy et de dame Catherine le Picart. Présents : Guillaume de Sève, frère du futur, seigneur de Chastillon-le-Roy, premier président au parlement de Metz; messire Louis Tronson, aumônier du roy, supérieur général des séminaires de France; messire Antoine Tronson, aussi aumônier du roy, cousins-germains du futur époux; Charles Guyonnet, seigneur de Vertron[1], cousin du dit futur; dame Marie de Faramond, veuve de M. de Lesseville, amie; d'autre part, de messire Charles Le Comte, seigneur de Barentin et dame Suzanne Le Picart, sa femme; M. de Bernage d'Herbigny, cousin-germain.

M$^{me}$ de Sève est morte chez sa fille, au château du Bouchet, comme on l'a vu dans la première partie. Elle laissait de son mariage Marie-Madeleine de Sève, dame de Gommerville, marquise d'Oysonville.

---

## (34)

### PAUL GUY, Marquis d'Oysonville

Né en 1701, tué à Parme, le 29 août 1734, et Marie-Anne Duché, sa femme, morte en 1736, veuve en deuxièmes noces du comte de Fontenilles.

## (35)

### Extraits de paiements faits par M$^{me}$ la Marquise d'Oysonville pour le compte de M. le Marquis son fils

Pour une robe de chambre, 9 août 1716, 19 livres; — pour des boutons, pour un surtout de chasse et une veste de flanelle, 16 livres; pour menus frais dans le séjour au Bouchet du mois d'août au mois de décembre 1716, 40 livres; — pour un manchon, en passant de Tours, 17 décembre 1716, 18 livres; — pour des gants et des bas de soie, le 20 décembre 1716, 11 livres; 1717, pour quatre mois

---

[1] Claude-Charles Guyonnet, seigneur de Vertron, commandeur de Saint-Lazare et du Mont-Carmel, historiographe de France, l'un des beaux esprits du siècle de Louis XIV, était cousin, par sa grand'mère, née d'Allonville, nièce de Gabrielle d'Allonville et sortie du second mariage de François d'Allonville, baron d'Oysonville, avec Jeanne de Billy.

de ses menus plaisirs, 40 livres; — le 8 août 1717, pour aller à Oysonville, une place dans le carosse, 20 livres; — pour une gibescière, le 2 septembre 1717, 5 livres; — 24 octobre 1717, pour aller à la foire de Dourdan, donné la somme de 15 livres; du 12 novembre 1717, pour s'en retourner à Paris, place de carosse, 20 livres; au lacquais de M. le marquis, nommé chevalier, en entrant auprès de luy, le 12 février 1720, 8 livres; — au cordonnier, pour deux paires de souliers, 12 livres; — du 28 avril 1720, pour aller chez M. de Cosne, 24 livres; — du 12 mai 1720, pour aller à Chartres, à la foire des Barricades, 30 livres 5 sous; — A M. le chevalier de Flavigny, 100 livres qu'il avoit prêté à M. le marquis en octobre 1719; du 20 décembre 1720, donné à M. le marquis pour aller à Paris, 20 livres; — du 2 février 1721, à M. le marquis pour payer son portrait, ce qu'il ne fist pas, 40 livres; — payé à M. Guery, pour le dit portrait du 19 février 1721, 40 livres[1]; — du 1er mars 1721, donné à l'entrée de l'ambassadeur Turcq, 200 livres; — du 8 avril 1721, pour aller chés un de ses amis à Montfort, 20 livres; du 22 avril 1721, pour aller à Estampes, 25 livres; pour l'engagement de cinq soldats pour M. le marquis et par son ordre, en may 1720 et en avril 1722, 109 livres 5 sous; — du 4 may 1721, pour aller joindre son régiment, 300 livres; du 2 juillet 1722, pour un cheval de selle gris pommelé, pour une paire de pistolets, 60 livres; — pour une housse de cheval de velours vert avec un galon d'argent, 75 livres.

## Payements faits par le sieur Giffart, intendant de M. le Marquis

Payé à M. de Montpellier, du 13 novembre 1718, pour M. le marquis et pour un chapeau à bords d'argent, 7 livres 5 sous; — pour un port de fusil venant du Bouchet à Oysonville, 45 livres; — payé par ordre de M. le marquis, pour un surtout de toile, pour Picart, 8 livres; — du 19 décembre, une paire de soulliers pour M. le marquis, 8 livres; pour une baïonnette pour M. le marquis, 8 livres 15 sous; — pour une montre pour M. le marquis, 45 livres; — pour une épée pour M. le marquis, 13 livres; pour un cueiller, une fourchette et un goblet d'argent, 60 livres; — pour un carosse de comédie pour M. le marquis, 6 livres;

[1] Ce portrait est au château du Bouchet.

au baigneur, pour avoir fait les cheveux de M. le marquis, 3 livres; — Pour la dépense d'un voiage de M. le marquis, ses gens, à cheval à Paris, pour entrer à l'Académie, 47 livres, le 19 septembre 1719; — pour une paire de bas de soye pour M. le marquis, 17 livres; du 17 mars 1720, pour une malle, 1 livre 10 sous; — du 8 mars 1720, pour despence faite par M. le marquis, chez M. Rousseau, à Paris, 9 livres 9 sous; — du 7 mai 1719, donné à M. le marquis pour donner à son lacquais pour faire des soldats à la foire de Sainte-Mesme, 7 livres; — à trois soldats pour faire le voyage de Valenciennes, 6 livres; — au cordonnier pour le racommodage des soulliers des dits soldats, 45 sous; — du 5 may au sieur de Lespérance, sergent dans le régiment du roy, 200 livres; — du 4 janvier 1721, pour dépense faite par M. le marquis, à Chartres, au roy d'Espaigne, 28 livres; — du 4 janvier 1722, à la France, lacquais de M. le marquis, 100 livres; — dépense faite par M. le marquis chez M^me Desforges, a Estampes, 123 livres.

Estat des sommes payées pour M. le marquis par le sieur Lanaux : année 1717, à M. Douault, répétiteur, 60 livres pour 4 mois; — pour une chaise en classe, 7 livres; — pour le régent de seconde, 36 livres; — pour le régent de rhétorique, 36 livres; — au sieur Régnoult, maître à danser, 190 livres; — Année 1718 : à messieurs de Sosset, Lemonier et Grenier, professeurs de philosophie, 108 livres; — à M. Prestre, sous-principal du collège du Plessis, 254 livres; — à M. Loudun, professeur, le 1^er août, 36 livres; — pour une robe de collège de damas, ceinture, bonnet carré et façon, 36 livres; — pour le perruquier, 7 livres; — Année 1719 : le 29 janvier à M. le marquis, pour ses menus besoins à l'Académie de M. de Longpré, 12 livres; — à M. de Longpré[1], pour le deuxième quartier de la pension, 400 livres; — au sieur Balin, apoticaire, 15 livres; — du 14 octobre pour le médecin et deux paires de soulliers, 67 livres; — Année 1720 : trois escus neufs pour M. le marquis, pour donner des étrennes; — à M. de Longpré, pour deux cartiers de l'Académie, 1000 livres; — du 29 janvier au sieur Saget, chirurgien, 14 livres; — à M. le marquis lorsqu'il partit pour aller rejoindre son régiment à Valenciennes, 300 livres; — pour une paire de bas de soie gris perle, du 30 mars,

[1] MM. de Longpré et de Bernardi étaient directeurs de « l'Ancienne Académie », dite aussi Académie-Royale. Les jeunes gentilhommes y apprenaient l'équitation, les armes, la danse et les mathématiques. Elle était située dans la rue et cour du dragon, encore existantes.

37 livres; — envoyé à M. le marquis à Valenciennes, le 22 juillet, 400 livres; — du 17 août, donné à M. le marqnis, 100 livres pour retourner à Bauvais rejoindre le régiment. — Année 1721 : à M. le marquis, 275 livres en plusieurs fois lors de l'entrée de l'ambassadeur des Turcqs au mois de mars. — Année 1722 : pour les lettres d'émancipation obtenues en chancellerie le 20 février, 50 livres; — à M. le marquis pour se faire nettoyer les dents, 2 livres 10 sous; — 30 novembre 1717, à M. le marquis, pour se faire incscrire par le régent du Plessis, 5 livres, — du 18 février 1718, à M. le marquis pour aller au Louvre avec M. de Lambert, 10 livres.

Copie de la recette et dépense que je fait pour feu M. le marquis d'Oysonville, depuis son dernier arresté de compte du 19 décembre 1732, tirée de mon livre-journal, par moy Ruzé, receveur du marquisat d'Oysonville : à Daniel, jardinier 80 livres; — payé à La Morelle, garde, 6 livres; — au sieur Daniel, boulanger, 51 livres pour le pain fourny pour les chiens de M. le marquis et quatre nombres et demi de chaume pour employer a couvrir les murs du parque; — à Durand, pour l'orloge, par ordre de M. le marquis, 24 livres; — du 30 janvier 1733, payé 18 journées de 2 hommes qui ont arraché des ormes, fait des trous et planté iceux dans l'avenue de Congerville, 21 livres 12 sous; — payé au garde-chasse, acompte sur ses gages, 10 livres; — payé du 29 mars 1733, à M. Bonnin, pour un poinson de vin, 33 livres 10 sous pour le transport du dit vin de chès M. Bonnier au chasteau : payé à Brioude, cuisinier, par ordre de M. le marquis, 13 livres 2 sous 6 deniers; — du 7 avril 1733, à M. le marquis, 12 livres pour la Baillard, pour payer 32 douzaines d'œufs, 31 livres de beurre, 6 livres de sel, fromage noir, caunelle, longes et 3 chopes de vin, 27 livres 14 sous; — du 20 mai 1733, payé aux limosins qui ont travaillé pour M. le marquis, 6 livres; — reçu de M. Dramard, 600 livres; payé pour un port de lettres, 11 sous; — pour viande que j'ay faite venir d'Estampes et une longe de veau que je fourny, pesant 5 livres, 4 livres 10 sous; pour un poinson de charbon, 3 livres 10 sous; du 9 juillet 1733, payé au nouveau garde pour boire, 30 sous; — payé à Marin Migon, garde-chasse, 3 livres, acompte sur ses gages; — du 20 juillet 1732, payé à M. le marquis, 700 livres; — du 24 juillet 1733, payé à M. De la Foy, tailleur, par ordre de M. le marquis, 22 livres; — payé par ordre de M. le marquis pour 2 paires de bas, 10 livres et pour une paire de soulliers qu'il a fait à François Baillard, lacquais de M. le marquis; — du 7 août 1733, payé pour bord d'argent et bouton pour le chapeau du garde-chasse, 8 livres 8 sous et 3 livres pour avoir racommodé sa bandouillère; — payé du 5 novembre 1733, au garde-chasse pour 2 lapereaux, 1 bécasse, 6 lapins et 1 lièvre, 10 pièces à 5 sols chascune, 50 sous que j'ay envoyé à M<sup>me</sup> la marquise; — du 7 novembre 1783, envoyé à Estampes, 2 mannequins de fruits et de gibier pour M<sup>me</sup> la marquise; — du 8 novembre 1733, payé à Beauvillier, voiturier de Dourdan, pour voiture qu'il a fait pour M. le marquis à lui amener du plastre et des chambranles de cheminées, de pierres de lies de Paris, 27 livres; — payé à deux hommes de journées pour avoir planté dans la nouvelle avenue du bout du parque, 25 ormes, 6 livres; — du 27 décembre 1733, au garde-chasse pour 6 lapins à 5 sols pièce; — du 27 janvier 1734, payé au garde pour 4 lapins et 3 perdrix, 35 sols; — à René Guerier, tuilier de Jodainville, 35 livres 4 sous pour 2.200 tuiles; — du 22 février 1734, au garde-chasse pour 1 lièvre, 3 lapins et 3 perdrix, 35 sous; — pour 7 poiriers plantés dans le jardin du chasteau, 35 sous; — de Jean Jousse, de Vierville, fermier de M. le marquis, reçu 150 livres d'acompte, remis de suitte à M. Lemonnier, chappelain; au garde, pour 3 pièces de gibier envoyé à M<sup>me</sup> la marquise, par son cocher, 15 sous; — du 24 mars 1734, fourny 1 septier 3 minots d'avoyne pour ensemencer la vigne blanche à raison de 4 livres 10 sous le septier; — à Denis Laurent, boucher, pour la viande qu'il a fourny à M. le marquis, 4 livres 16 sous; reçu de Dramard, recepveur de Congerville 755 livres; — du 28 janvier 1735, payé à l'homme que j'ay envoyé à Etampes pour porter l'inventaire que j'ay fait au chasteau d'Oysonville, à M. Jabineau, 1 livre 4 sous; — Michel Ruzé [1], — j'adjoute 50 livres pour frais du service célébré pour le repos de l'âme du feu seigneur marquis non compris le luminaire et les honoraires du sieur curé.


(36)


Enquête faite par M<sup>e</sup> Charles Ambroise Guillemot, avocat au parlement, à la requête de M. le marquis d'Oysonville (1733), contre dame Louise Stoppa, veuve

---

[1] Michel Ruzé, avocat en parlement, prévôt du marquisat d'Oysonville, était fils du sieur Ruzé, prévôt seigneurial de Gaudreville, il avait 200 livres par an comme intendant et 20 livres comme prévôt.

de messire Jacques Antoine d'Herlak, capitaine aux Gardes suisses, pour savoir si la dite dame est fondée dans ses prétentions touchant une réclamation de loyers du seigneur marquis qui occupait un appartement dans sa maison. Sont comparus : messire Pierre Berthou, chevalier de Guerverzio, capitaine au régiment du Roy, âgé de 27 ans, non parent, qui dit qu'il a connaissance et a veu que le seigneur marquis a fait emporter et enlever ses meubles et effets de la maison de la dame d'Herlak, avant le 15 avril 1731, et que de là il les a fait transporter dans la maison du seigneur marquis de Balincourt, et ensuite est parti ce jour même du 15 pour son régiment qui étoit en garnison à Besançon. Claude-Guillaume Testu, marquis de Balincourt, appelé ensuite, dit qu'il a dit plusieurs fois au marquis, son cousin issu de germain : « Songez donc à retirer vos meubles de la maison de la dame d'Herlak, sans quoy on les jettera par la fenêtre attendu qu'on ne pourroit louer vostre appartement ». Ce à quoi, ajoute le marquis d'Oysonville, dans sa défense qui précède le gain de sa cause, que cette demande sans fondement ne peut passer que pour une rêverie et qu'il a un extrême déplaisir de se trouver contraint de plaider contre une dame et surtout avec M$^{me}$ d'Herlak pour laquelle il a toujours une extrême considération.

(37)

Extrait du contrat de mariage passé à Paris, le 20 août 1733, entre Paul Guy Briçonnet, marquis d'Oysonville, etc., demeurant rue et paroisse Saint-Roch, assisté de messire Guy de Sève, seigneur de Chastillon-le-Roy, Merobert, etc., prestre, et Marie-Anne Duché, fille de Jean-Baptiste Duché, seigneur de Passy-en-Brie, chevalier d'honneur au bureau des finances de La Rochelle et de dame Marie Mouchard. Présents : M$^{me}$ de Sève, née de Bernage, aïeule du seigneur futur époux, Nicolas Doublet, seigneur de Persan et dame Marie-Madeleine Frezeau de La Frézelière, cousins-germains du dit seigneur marquis; d'autre part : de M$^{lle}$ Louise Elisabeth Duché, sœur, de Marie-Anne de Lort de Serignan et Jean Duché, procureur général de la Cour des Aydes de Montpellier, illustrissime et rév$^{me}$ Henry Constance de Lort de Serignan, évêque de Mâcon, de M$^{me}$ Duché,

femme du président de la Cour des Monnaies, cousins issus de germains, de
M^{lles} Marie, Catherine et Marie-Anne Praulé, cousines issues de germaines, de
Joseph de Guyon, capitaine au régiment du roi, allié, de Charles-Anne-Augustin
Le Boisteulx de Gormond.

(38)

LETTRE DE M. PAUL GUY, MARQUIS D'OYSONVILLE
A M. LE MARQUIS DE LA ROUSSIÈRE, SON FUTUR BEAU-FRÈRE

A Milan, ce 8 Janvier 1734.

Je suys extrêmement sensible, Monsieur, à l'honneur que vous aves bien
voulu faire à ma sœur et à celuy de nostre alliance, rien dans le monde ne peut
me faire plus de plaisir que de la voir heureuse et je suys persuadé qu'elle le sera
avec vous, comme je crois que de son côté elle ne vous donnera jamais lieu de
vous repentir de cette union de laquelle jeusse bien souhaité estre le témoin, mais
malheureusement pour moy, nous sommes séparés par un furieux espace de
chemyn, j'espère que cela ne durera pas toujours et que je pourray un jour à
venir vous assurer moy même de la parfaite considération avec laquelle j'ay
l'honneur d'estre, Monsieur, vostre très humble et très obéissant serviteur.

Oysonville.

J'embrasse ma sœur très tendrement et vous prye de le faire pour moy, penses
quelquefois à moy l'un et l'autre, je compte que mon frère vous écrira, il ne laisse
pas de vous faire mille compliments.

France par Paris. — Armée d'Italie.

A Monsieur,

Monsieur de la Roussière en son château de Launay-Bafert,
par Baugé en Anjou.

(39)

LETTRE DE MARIE-ANNE DUCHÉ, MARQUISE D'OYSONVILLE,
A M. DE LA ROUSSIÈRE, SON BEAU-FRÈRE

A Paris, le 20 janvier 1734.

Je vous suys très sensiblement obligée, Monsieur, de la lettre gratieuse que vous m'avès fait l'honneur de m'écrire, je suis charmée de l'union qui va estre entre nous, quoique M^lle d'Oysonville soit ma sœur, je crois luy rendre justice, personne n'est plus faite pour faire le bonheur d'un mary, comme vous méritès plus qu'un autre, vous serès, Monsieur, l'exemple que l'on citera, quand on parlera d'un ménage heureux, j'aurois bien souatté d'estre de la feste, ma joye auroit esté parfoite sy cela auroit pu estre, je pense qu'il y aura un tems ou nous pourrons nous rassembler, en attendant que j'aye ce plaisir, je vous demande un peu de part dans vostre amytié, je prierai ma chère sœur de s'intéresser pour me la faire obtenir, le titre que je vais avoir m'autorise à vous faire ceste prière, j'ay l'honneur d'estre, Monsieur, avec toute l'estime possible et un très parfait attachement vostre très humble et très obéissante servante.

Duché d'Oysonville.

Si quelque chose peut faire regretter à M. d'Oysonville que son debvoir retienne en Italie, c'est de n'estre pas témoing de vostre satisfaction à laquelle il prend grande part, je vous prie, Monsieur, de faire mille compliments à ma sœur, je luy écrirai le premier ordinaire, je lui demande toujours de ne pas oublier une sœur qui l'aime de tout son cœur et qui seroit bien aise d'estre la première femme de chambre le jour de ses noces.

(40)

Paul-Guy, marquis d'Oysonville, né à Paris, le 5 septembre 1701, successivement lieutenant au régiment du roy, lieutenant en 2^me, au régiment d'Artois, puis capitaine au régiment du roy, tué à la bataille de Parme, le 29 juin 1734, nommé colonel du régiment de Blaisois, alors en Corse. — Huit jours après son mariage avec M^lle Duché, il partit pour l'armée d'Italie ; sa veuve au bout de son deuxième deuil d'un an et six semaines épousa messire Jean-Antoine de la Roche, comte de Fontenille, en 1735. Elle mourut le 13 août 1736 ayant accouché 7 jours avant, d'un garçon qui n'eut vie que pour estre ondoyé.

(41)

## CHARLES BERNARD, MARQUIS D'OYSONVILLE
## LOUISE-RENÉE DE FESCAN

(42)

12 juillet 1711, naissance, à 3 heures de l'après-midi, au château du Bouchet, de Charles-Bernard, baptisé le 14 suivant dans l'église de Lasse. Présents : M. le marquis d'Oysonville, son père, le procureur de Charles de Béon, de Luxembourg marquis de Bréon, parrain[1], dame Suzanne de Nargonne, veuve de M. le comte de Broc, marraine[2], Charles-François Le Tellier, marquis d'Etiau, Louis Fouquet, enseigne des gardes de feu Monsieur et de Marthou, prieur de Lasse.

(43)

De Charles-Bernard, alors chevalier d'Oysonville,
à Monsieur,
Monsieur de la Roussière, en son château de Launay-Bafert,
par Baugé en Anjou.

à Tavano, ce 12 janvier 1734.

Monsieur et très cher beau-frère, c'est avec un sensible plaisir que j'ay appris le chois que vous aves bien voulu faire en faveur de ma sœur, j'en suis d'autant plus aise, que je suis très persuadé que vous chercheres toujours toutes les occasions de la pouvoir rendre heureuse, et qu'elle, de son côté, cherchera celles de pouvoir le mériter, je compte que vous devés avoir été mariés le 25 ou le 26 du mois passé, je suys fasché de n'avoir pas esté sur les lieux pour vous avoir pu marquer de plus près la joye que j'en ay eu. Je crois qu'il n'est pas nécessaire que j'écrive à ma sœur un consentement signé de mon frère et de moy, attendu que la chose est faite et que mon frère aussy bien que moy aurons été, sommés et

---

[1] Parent par les Le Prévost.
[2] Idem.

serons toujours très consentans de tout ce qui peut avoir esté proposé entre vous et ma sœur, je vous prye même d'estre tous persuadés. Je ne prévois encore quand je pourray avoir le plaisir de contracter avec vous de plus près une amytié fraternelle que je vous demande tant pour ma sœur que pour moy et je vous prie de croire en même temps que je chercherai toujours les moyens de la mériter. Je vous dirai, Monsieur et très cher beau-frère, que nous sommes présentements retirés dans un des plus tristes villages [1] de ce païs, ne sachant les nouvelles que quinze jours après les autres, et pour le surcomble de nos malheurs, ne sachant que faire du matin au soir. J'ay perdu, le jour que nous sommes partis de Sienne, mon bracq, nommé Compère, de sorte que c'est encore un passe-tems de moins, car je ne puis aller à la chasse faute de chien, quoiqu'il y ait peu de gibier. J'ay deux choses que je vous prie de mander pour mon présent de noces, la première est de me donner au plustost un neveu, car je vous assure qu'il m'impatiente déjà de n'avoir pas déjà le titre d'oncle, et la deuxième est de vouloir bien me faire le plaisir de me faire mener un bracq d'une bonne rasse et de me le faire dresser, attendu que je n'en ay plus présentement et que je suis-très persuadé que vous ne me refuseres pas ce plaisir. Je vous apprendray pourtant pour nouvelle que les trouppes qui sont en ce païs-cy et qui n'auront point fait comme nous le siège de Pizzighettone et de Milan, ont fait celui de Novare et de Thortonne et qu'ils ont pris les deux places, de sorte que présentement tout le Milanois est à nous et que nous avons pris, depuis que nous sommes en ce païs-cy, Pavy, Pizzighettone, Lodi, Novarro, Thortonne, Cremone, Milano, Calune, le Fort-Fuentès, Casa Maggiore, Casa Pitterlinge et plusieurs autres forts, il ne nous reste plus à prendre que Mantoue, mais nous comptons au commencement d'avril en aller faire le blocus qui durera plus longtemps qu'un siège, l'empereur y a justement 15.000 hommes dedans qui font souvent des sorties et même avec du canon, il y a quelques jours qu'ils ont pensé enlever le régiment de (illisible), cavalerie, qui est un régiment françois, après on y a remédié en y envoiant cinq bataillons d'infanterie dans le même endroit, l'on parle toujours beaucoup de guerre, l'on nous donne des milices pour secours, nous aurons 8 officiers et 8 sergens qui les irons chercher

---

[1] Tavano.

à Sienne. Il y en a quatre tant pour notre régiment, le traittement des trouppes est fort mauvais, tout le monde est mécontent et avec juste tittre, car depuis que nous sommes en ce païs-cy, nous n'avons pas reçu un liard et l'on nous fait paier jusqu'à du foin pour nos chevaux et l'on parle même de nous faire paier le bois pour notre chauffage ce qui ne s'est jamais fait. J'attends avec impatience le plaisir de savoir de vos nouvelles aussi bien que de celles de ma sœur, je suis en attendant, de tout mon cœur, vostre très humble et très obéissant serviteur et frère.                                        Le chevalier d'Oysonville.

Mes compliments, je vous prye, à M^{me} du Serain et à ma mère.


(44)

De Charles Bernard, devenu Marquis d'Oysonville, par suite de la mort de son frère Paul Guy, qui venait d'être tué a Parme.

A Monsieur,                                        France. — Armée d'Italie.
Monsieur de la Roussière,
en son château de Launay-Bafert, près Baugé, en Anjou.

A Parme, ce 11 août 1734.

Monsieur et très cher beau-frère, j'ay reçeu dernièrement la lettre commune que vous m'aves fait le plaisir de m'écrire, j'étois dans une inquiétude extrême de n'en point recevoir, j'avois peur que la perte que nous avons faitte n'eut esté capable de déranger votre santé, principalement celle de ma sœur, vu sa grossesse ou elle doit être présentement, je croy que vous n'aves pas moins esté sensibles à cette perte que moy-même, plus j'envisage la chose et moins je vois le moien de pouvoir la réparer. Ma santé est présentement meilleure qu'auparavant. Ma blessure est presque fermée et le chirurgien qui me panse m'assure tous les jours que je seray en état de partir pour la France au commencement du mois prochain. J'attens cet heureux moment avec la plus grande impatience du monde, pour pouvoir vous aller assurer de 'plus près de l'amitié sincère que j'aurès toujours pour vous deux. J'espère que de vostre côté vous voudrès me continuer la même chose, je viens d'écrire dans l'instant à M. de Pezay pour qu'il m'envoie un passeport, j'aime mieux l'avoir deux jours plustost dans ma poche que d'estre obligé d'attendre après. Je vous diray que depuis deux jours je comance à me lever, cependant sans marcher, je me fais porter dans un fauteuil auprès de ma fenêtre, la jambe appuyée sur deux chaises garnyes de coussins et j'y reste toute la journée, cela me fait un bien infiny, j'en repose beaucoup mieulx la nuit, cela ne me chauffe pas tant et me redonne plus de force, je compte demain estre purgé, et dymanche me faire porter à la messe; j'espère aussi la semaine prochaine marcher par ma chambre avec le secours de deux béquilles et qu'il me sera permis de manger un peu de viande. Je viens d'apprendre que l'on venoit faire sept lieutenans généraux et onze maréchaux de camp dans cette armée. Je scais que M. de Pezay et que M. d'Affry sont du nombre des lieuxtenants généraux. Il ny a rien de nouveau à notre armée, elle est toujours dans la même situation. Je vous prie d'assurer ma sœur que je ne voy point M. de Querentio et que je suis trop éloigné de l'armée ou il est obligé de rester, mais que je luy écris souvent et que je l'ay remercié tant de sa part que de celle de ma mère et de toutes les bontés qu'il a pour moy. Je la prie aussi d'estre assuré du sort de Saint-Jean [1], il n'est pas mauvais tant qu'il aura soin de moy comme il a fait jusqu'à présent, il ne manquera pas. J'espère mon cher frère que vous me tiendrès la promesse que vous m'aves fait du chien couchant, je seray bien aise d'aller quelquefois à la chasse, mais ce ne sera pas sy longtemps ny avec tant de précipitation qu'auparavant ma blessure. Adieu mon très cher frère et ma très chère sœur, je vous embrasse tous deux, soiés persuadés de la sincère amitié que j'ay et j'aurès toujours pour vous. Aimès moy come je vous aime et continuès moy vostre amitié. Mes amitiés je vous prie a ma chère mère, je luy écriray le premier ordinaire. Adieu encore une fois, je vous embrasse tous et vous souhaitte la continuation d'une bonne santé.

d'Oysonville.

(45)

Contrat de mariage passé le 26 mai 1736 par devant les notaires à Tours, de Charles-Bernard Briçonnet, marquis d'Oysonville, capitaine au régiment

---

[1] Saint-Jean, valet de chambre du marquis.

du roi, âgé de 24 ans et six mois, procédant sous l'autorité de Charles-Henry de Maillé de la Tour Landry, marquis de Jalesnes, fondé de pouvoir de M^me la marquise d'Oysonville avec Louise-Renée de Fescan, fille unique, âgée de 20 ans, de Victor, seigneur d'Avantigny, Mettray et de feüe dame Louise Bouet de la Noue · (appelée improprement M^lle de Jousseaume, dans le tome I).

16 novembre 1715, baptême dans l'église Saint-Saturnin de Tours, de Louise-Renée, fille de messire Jean-Victor de Fescan, chevalier, etc., et de Louise Bouët de la Noue. Parrain : messire René Houdry ; marraine : dame Françoise-Andrée Lauron, femme de René Chevais.

(46)

Le marquis d'Oysonville, après son mariage avec M^lle de Fescan, ayant continué de servir jusqu'en 1737, qu'il se retira le 16 juillet de cette année, fut vendu « son ménage à la guerre ».

Encan de M. le marquis d'Oysonville : un mulet adjugé à M. le major, 136 livres ; un autre à M. de la Chevalerie, 110 livres ; un cheval à l'aide de camp de M. de Coigny, 96 livres ; un cheval au nommé Misette, vivandié, 54 livres ; deux fauteuils à M. de Béthune, 3 livres ; une table à M. de Joyeuse, 12 livres ; six assiettes au même, 4 livres 15 sous ; six autres au même, 7 livres ; quatre plats au même, 3 livres ; six serviettes à M. de Folleville, 7 livres ; six serviettes à M. Campagne, 7 livres ; six autres à M. de Villenault, 7 livres ; six autres à M. de Sauvebœuf, 7 livres ; cinq autres à M. de Joieuse, 3 livres ; deux nappes à M. de Croismare, deux nappes à M. de Lille de Luxembourg, 3 livres ; deux serviettes à M. de Croismare, 2 livres ; une marmitte à M. de la Lande, une quastrole à M. de Folleville, 2 livres ; un poelon à M. de Compiègne, 1 livre ; un gril et un réchaud à M. de Joieuse, assiettes et cuillers a M. Lardy, 2 livres ; deux paniers de cuisine à M. de Compiègne, deux flacons à M. de Sauvebœuf, une robe

---

· Elle était morte à 35 ans dans son château de Mettray, le 21 novembre 1715, inhumation de Louise de la Noue-Bouet, femme de messire Jean-Victor de Fescan, chevalier, seigneur d'Avantigny, Mettray, etc. dans la chapelle de Saint-Joseph où sont inhumés ses ancêtres en l'église Saint-Saturnin (de Tours).

de chambre à M. d'Héricourt, 3 livres ; à M. de Belinicais, une tente et une marquise au caftié, 37 livres ; 2 tabourèts à M. de Bethune, 3 livres ; donné au
cuisinier, 69 livres ; donné au multier, 25 livres ; pour les lettres, 2 livres.

(47)

## Nomination d'un Chapelain au chateau d'Oysonville en Beauce par M. le Marquis Charles-Bernard.

Devant nous, Jean Ferrière, notaire royal et tabellion à Baugé, y résident et
notaire apostolique du diocèse d'Angers, veu au siège royal de la Senéchaussée
du dit Baugé. Ont comparu haut et puissant seigneur messire Charles-Bernard
Briçonnet, marquis d'Oysonville et haute et puissante dame Louise-Renée de
Fescan, son épouse, qu'il authorise à l'effect des présentes demeurant en leur
château du Bouchet, paroisse de Lasse et maître Étienne Vormier, prestre chapelain d'Oysonville, demeurant depuis quelque temps au château du Bouchet d'autre
part, lesquels seigneurs et dame nous ont dit que connoissant les bonne vie et
mœurs du dit sieur Vormier, désirant lui donner une preuve de l'estime qu'ils ont
pour luy, ils veullent luy assurer sa vie durant la desservance de sa ditte chapelle
d'Oysonville, à laquelle ils l'ont nommé au mois de juillet 1744, en conséquence
de quoy il fut approuvé de Monseigneur l'évêque de Chartres, le tout suivant et au
désir de la ditte fondation faitte par feue Anne-Françoise Le Prevost, marquise
d'Oysonville, en datte du 5 septembre 1699, passé devant Vinet, notaire royal à
Oysonville, les dits seigneurs et dame veullent et entendent que le dit sieur
Vormier soit et demeure chapelain d'Oysonville, tant qu'il vivra, sans qu'on puisse
l'en déplacer, aux charges par le dit sieur Vormier d'y faire sa résidence touttefois
et quantes les dits seigneur et dame le jugeront à propos et ce un mois après la
première sommation qui lui en sera faitte, de mesme que d'acquitter les charges
de la ditte fondation, pourquoy ces dits seigneur et dame s'obligent solidairement
et renonçant à lui faire payer annuellement la somme de 350 livres, le tout pro-
venant du revenu des fonds de la fondation cy-dessus refférée, moyennant quoy le
dit sieur Vormier ne pourra rien prendre dans ces dits revenus et en cas que le
dit sieur Vormier refusât à habitter au dit Oysonville, les dits seigneur et dame

en pourront nommer un autre et le présent a esté et demeurera nul et sans effet, de même qu'ils entendent qu'après le décès du sieur Vormier, ils rentreront dans leurs droits, n'entendant iceux seigneur et dame que le présent acte n'ait d'effet que pour le dit sieur Vormier, seullement aux conditions ci-dessus et lorsqu'il demeurera avec lesdits seigneur et dame il luy sera seullement payé annuellement la somme de trois cens livres. Telles ont été les conventions des parties à l'exécution desquelles elles s'obligent après lecture faite et passé audits château du Bouchet.

Signé : Briçonnet d'Oysonville, de Fescan d'Oysonville,<br>E. Vormier.

(48)

A Monsieur,
Monsieur Jabineau, procureur de la Cour,
rue Persée, faubourg Saint-Germain, à Paris.

D'Avantigny, près Tours, ce 14 décembre 1749.

Il y a six mois, Monsieur, que je suis dans la plus grande inquiétude du monde, M$^{me}$ d'Oysonville àiant toujours esté dans les plus grandes douleurs au point qu'elle ne pouvoit et ne peut encore remuer sans le secours de quatre personnes, sa maladie est un lait répandu dans la masse du sang, qui après l'avoir parcouru toutes les parties de son corps, s'est enfin jetté sur la cuisse gauche, elle est soignée avec les pierres à cottaires, la dernière a esté faitte ces jours-cy, elle est de cinque pouces de long et autant de profondeur, cela rend beaucoup, ce qui me fait espérer que cela la conduira à une guérison que j'attend depuis si longtems, ce qui m'a jetté et me jette dans bien des embarras, sans cela il y a longtems que j'irais partir au Bouchet et de la à Paris, et j'ignore actuellement quand je pourrai y aller, M$^{me}$ d'Oysonville n'étant pas en état que je la puisse quitter. Au regard de ma maison, je ne puis vous en fixer le prix, il fodrait la faire estimer par un architecque, tout ce que je sais, c'est qu'elle m'a cousté dans mes partages 17.600 livres et depuis en réparations et absence de loyé, ce que vous pouvès voir par ces propres couts. M$^{me}$ d'Oysonville est fort sensible à votre souvenir et me charge de vous en faire ses remerciements; dónez moy de vos nouvelles et ne doutès point des sentiments avec lesquelles j'ay l'honneur d'être, Monsieur, votre très humble et très obéissant serviteur.

Briçonnet d'Oysonville.

(49)

### Testament de M<sup>me</sup> la Marquise d'Oysonville, née de Fescan, du 26 Mars 1782.

J'ay, Louise-Renée de Fescan, veuve de messire Charles Briçonnet, marquis d'Oysonville, etc., etc.., les 12 porteurs seront les plus pauvres de la paroisse à qui l'on donnera 6 livres chacun, le luminaire et les services à l'usage du pays. Je veux qu'il y ait à mon enterrement 30 pauvres femmes auxquelles on donnera 40 sols 8 livres de pain et 4 aulnes de bonne serge à chacune. A chaque service il sera fait la distribution de 3 septiers de froment et autant d'orge s'il s'en trouve en mes greniers. Je donne et lègue en plus aux pauvres de ma paroisse de Lasse en Anjou, 12 septiers de froment et à ma paroisse de Mettray, pour les pauvres, 18 septiers de froment, mesure de Luynes en Touraine et à chacune des deux paroisses 500 livres une fois payé pour les pauvres et aussy à ceux de Gaudreville en Bausse, 300 livres et à ceux de Pontigné en Anjou, 400 livres une fois payé. Je donne et lègue à Nicolas Fourrier 300 livres de rente viagère. Je donne à Jeanne Varye, fille de cuisine, 120 livres de rente viagère. Je donne et lègue à tous mes autres domestiques qui seront à mon service lors de mon décès, ceux qui m'auront servi deux ans et au-dessus, 100 livres une fois payé, et aux autres qui y seront depuis une année, une année au-dessus de leurs gages. Je recommande mon âme à leurs prières, Pater, Ave Maria. J'ordonne qu'on me fera dire 300 messes basses pour le repos de mon âme et pour celle de mes proches parents trespassés dans la paroisse de Lasse et autant en ma paroisse de Mettray; moitié pour MM. les curés prieurs et vicaires de chaque paroisse. J'ordonne que les messes soient dites sy faire se peut, l'année de mon décès, sinon en deux années, et chacune des deux paroisses de Lasse et de Mettray, je prie MM. les prieurs et curés d'annoncer à la messe paroissiale chaque dimanche, les jours qu'ils diront la sainte messe pour le repos de mon âme dans la semaine, et d'engager les pauvres d'y assister, comme estant associée aux pères capucins je me recommande à leurs prières, je leur donne et lègue à ceux de Baugé 600 livres une fois payé. Je recommande qu'on remette sitôt mon décès le papier cy-joint de mon association aux pères capucins de Baugé, je leur donne cent messes pour prier Dieu pour le repos de mon âme et pour celle de mes proches parents trépassés, je veux que les dites messes leur soient payées à 15 sous chacunes. Je donne à tous mes pauvres fermiers et closiers tout ce qu'ils me devront à mon décès, tant à ma terre d'Avantigny, Rochecorbon qu'à celle du Bouchet. Je donne et lègue tous les draps, serviettes et nappes qui se trouveront à mon décès, tant à Avantigny qu'au Bouchet, pour servir à l'usage des pauvres malades et femmes en couches des paroisses de Lasse et de Mettray, lesquels draps, nappes et serviettes, lorsque les malades seront rétablis de leurs maladies, seront raportés et remis après avoir été bien blanchis dans l'armoire ou coffre pour lequel faire, l'un ou l'autre, celui que l'on jugera le plus commode. Je donne 100 livres à chacune des deux paroisses, MM. les prieur et curé de Lasse et de Mettray auront une clef, les procureurs de fabrique une et la troisième les fermiers de la cour de Lasse et de Rouvre-Villeblanche, les plus mauvais draps qui ne pourront plus servir dans les lits des malades on les donnera aux plus pauvres de chaque paroisse de Lasse et de Mettray pour les ensevelir. On fera placer l'armoire ou coffre dans l'église de chaque paroisse de Lasse et de Mettray, pour la sûreté que les dits draps et serviettes ne soient pas volés. Je réserve seullement 12 paires de draps les plus beaux et 12 douzaines de serviettes aussy les plus belles que je donne à M<sup>lles</sup> de Jousseaume, du Pommeault et de la Garandrie. Je donne et lègue aux pauvres de la paroisse de Rochecorbon en Touraine, 300 livres une fois payé, je prie M. le curé de me recommander aux prières des pauvres. Je donne et lègue au nommé Pegé, pauvre estropié, s'il me survit, 30 livres de rente viagère exempte de tous impôts. Je donne et lègue à la fabrique de Lasse 300 livres une fois payé. Je donne et lègue à la paroisse de Mettray en Touraine, 500 livres une fois payé. Je donne et lègue à Urbaine Vivien, ma femme de chambre, ma garde-robe, à l'exception de mes bijoux en or et en diamants, desquels je fais présent et marque d'amitié à M<sup>lles</sup> de Jousseaume et de la Garanderie, sœurs. J'ordonne qu'on m'enterre avec mon scapulaire, habit de la Vierge et avec mon aliance au doigt pour accomplir le vœu que j'ay ci-devant fait. Je donne et lègue 11.500 livres pour le soulagement des pauvres de la paroisse de Mettray en Touraine, laquelle somme sera prise sur mon argenterie et meubles qui seront vendus après mon décès. Je prie MM. les curé, notaire et procureur de fabrique d'y veiller et d'avoir soin que ladite somme soit bien hipotéquée, les intérêts seront employés pour le soulagement des pauvres de la dite paroisse de Mettray... Je prie MM. les curés de Mettray de recommander aux pauvres en leur distribuant la dite somme cy-dessus de prier Dieu pour le repos de mon âme, et pour celles de mes proches parents trespassés *Pater Noster, De Profundis*. Je donne et lègue pendant 20 ans, 40 livres chaque année, à MM. les curés de Mettray pour dire un *De Profundis,* tous les dimanches pour le salut de mon âme et celle de mes proches parents trespassés et de me recommander aux prières avant que de commencer le *De Profundis* tous les dimanches. Pour exécuter mon présent testament et dernière volonté Je nomme maître Cormery, notaire royal, à Mettray en Touraine, que je prie de prendre soin de faire exécuter selon la forme et teneur, lui affectant à cet effet mes biens meubles et immeubles présents. Je donne et lègue par présent à chacune des trois demoiselles Cormery, filles de mon dit exécuteur testamentaire un diamant de 600 livres et au cas qu'une ou deux vienne à mourir avant moy et qu'il n'en restat qu'une de vivante, la survivante aura le diamant de 1.800 livres, cette somme sera également prise que les autres legs de mon dit testament sur tous mes biens meubles et immeubles. Étant ma dernière volonté, au château du Bouchet, paroisse de Lasse en Anjou, ce 26 mars 1782.

De Fescan d'Oysonville.

(50)

Les enfants du marquis Charles-Bernard et de Louise-Renée de Fescan furent au nombre de sept :

I. Une fille née en 1738, morte la même année;

II. Une autre fille née le 11 septembre 1739, morte à Paris, en 1747, au couvent de la Madeleine de Tresnel;

III. Guy Bernard, comte d'Oysonville, né le 27 septembre 1741, cornette de cavalerie au régiment Colonel-Général en 1757, mort au Fresne, près de Châlons-sur-Marne, le 16 octobre 1759, est revenant de l'armée du Bas-Rhin, il est enterré dans le chœur de l'église du Fresne.

DEO

REGI ET PATRIÆ

CY-GIST

GUY BERNARD BRICONNET, CHEVALIER, MARQUIS D'OYSONVILLE

BARON DE LASSE, SEIGNEUR DU BOUCHET ET AUTRES LIEUX.

CORNETTE AU RÉGIMENT COLONEL GÉNÉRAL CAVALERIE, NATIF DU BOUCHET EN ANJOU,

DÉCÉDÉ LE 17 OCTOBRE 1759, AU RETOUR DE LA CAMPAGNE,

AGÉ DE 20 ANS.

BREVI TEMPORE MAGNA FECIT

HOC MONUMENTUM SIGNUS AMORIS FILIO CLARISSIMO MATER

AGRI SUPERSTES PONI CURAVIT

OFFICIO ET CURA HUJUSCE PARUCIÆ VIGILANTISSIMI RECTORIS

(Armoiries)

REQUIESCAT IN PACE

IV. François-Guillaume-Simon, né au Bouchet, le 28 octobre 1743, baptisé le 29 octobre 1743, dans l'église de Lasse, de François-Guillaume-Simon, fils de haut et puissant marquis d'Oysonville, baron de Lasse et du Bouchet et de haute et puissante dame Louise-Renée de Fescan. Parrain : Urbain Barbot du Coudray, chirurgien à la Flèche, par procuration de haut et puissant messire François-Guillaume Briçonnet, président au Parlement de Paris et de la marraine haute et puissante dame Marguerite-Guillemette Allemand de Montmartin, femme de M. le marquis de Balincourt, lieutenant général des armées du roi, gouverneur de Mont-Dauphin. Clerc tonsuré en 1756, puis chevau-léger de la garde du roi en 1760, mort à Oysonville, le 23 janvier 1766, laissant deux filles de M^{me} Mandat, sa femme.

V. François-Guillaume-Simon, né le 8 juin 1745, au Bouchet, cornette de cavalerie au régiment Colonel Général, en 1759, mort à Gottingen, le 24 mars 1762.

VI. Un garçon, né à Oysonville en 1747, mort la même année.

VII. Un garçon, né à Avantigny, en 1749, mort peu après.

(51)

## CLAUDE-HENRY Chevalier BRIÇONNET puis Marquis D'OYSONVILLE

(52)

5 juillet 1713, naissance de Claude-Henry, fils de François-Bernard, marquis d'Oysonville et de Marie-Madeleine de Sève, ondoyé le 12 du mois, baptisé le 28 janvier 1714, dans l'église de Lasse. Parrain : Gabriel-Henry de Maillé de la Tour Landry, marquis de Jalesnes et marraine par procuration dame Bonneau de Rubelles, femme de Baltazard le Breton, marquis de Villandry.

(53)

Le chevalier Briçonnet à M. de la Roussière,

A Marseille, janvier 1734.

Je suis très sensible, Monsieur, à la lettre que vous m'avès fait l'honneur de m'écrire, vous scavès l'amitié que j'ai toujours eu pour vous, votre mariage avec ma sœur ne peut que l'augmenter, c'est à moy à vous demander votre amitié, la mienne vous est acquise; je chercherai toutes les occasions de vous prouver que je vous aime non seullement en frère, mais en vrai amy, c'est avec ses sentimens que je vous prie de croire, Monsieur mon très cher frère, que personne n'est plus véritablement votre très humble et très obéissant serviteur.

Briçônet.

Je vous prie de vouloir bien assurer M<sup>me</sup> du Serein de mes très humbles respect.

(54)

A Monsieur,

Monsieur de La Roussière, à Launay-Bafert, près Baugé en Anjou.

A Marseille, ce 5 décembre 1737.

J'ay reçeu, M. mon très cher Frère, la lettre que vous m'avès fait l'honneur de m'écrire, je n'ay pu y répondre plutôt à cause que j'ay été malade pendant quelque jour, ce qui a été la suite de ma fluxion de poitrine que j'ai eu ce mois d'octobre et dont je ne suis pas encore remis, attendu que l'air de la mer est fort mauvais pour ces sortes de maladies la, j'espère pourtant que ce ne sera rien, puisque vous m'avès choisi comme parrain de celui ou celle qui viendra, je ne vous dédirai point et j'accepte avec plaisir l'honneur que vous me faites, je vous mets dans votre lettre une autre pour M<sup>me</sup> de la Roussière, de la Flèche, puisque vous voulès bien vous en charger et je vous envoie en même tems le billet que vous me demandès, j'aurois fort souhaité d'assister à la cérémonie moy-même, mais je ne puis quitter Marseille pour bien des raisons, d'ailleurs nous devons avoir une campagne au mois de mars, il y a apparence que ce sera M. le duc Danville qui commandera les quatre galères qui doivent se mettre en mer et dont il y a ordre icy de se préparer les munitions nécessaires. Je suis heureux que la grossesse de ma sœur ait été fort heureuse, je l'exhorte à continuer de même jusqu'au bout, je vous prie de l'embrasser pour moy, j'ay l'honneur d'être avec un parfait attachement, Monsieur mon frère, votre très humble et très obéissant serviteur.                                                        Briçonnet.

Je donne pouvoir à M. Adam Meunier (homme d'affaires de sa mère), de tenir pour moy sur les fonts de batheime, le fils ou fille de M. la Roussière, et de luy donner mon nom.

(55)

Le chevalier Claude-Henry Briçonnet fut nommé par lettre signée du roi, du 20 décembre 1755, chevalier de l'ordre royal et militaire de Saint-Louis, il prêta serment le 31 décembre 1755, entre les mains de messire François d'Azemard de Panat, comte de la Serre, gouverneur des Invalides, délégué à cet effet par S. M.

(56)

Le 8 octobre 1773, convoi et service en l'église de Saint-Sulpice, de haut et puissant seigneur, messire Claude-Henry Briçonnet, marquis d'Oysonville, décédé hier, rue Férou. Témoins : messire Anne-Nicolas Doublet, marquis de Persan, comte de Dun et de Croisan, son neveu à la mode de Bretagne, et messire François-Guillaume Briçonnet, chevalier, conseiller d'honneur au Parlement, cousin paternel du défunt.

## (57)

## CLAUDE-GENEVIÈVE BRIÇONNET, MARQUISE D'OYSONVILLE
### Femme D'ANDRÉ-RENÉ DU PONT D'AUBEVOYE, MARQUIS DE LA ROUSSIÈRE.

## (58)

Baptême, dans l'église royale de Saint-Paul, à Paris, le jeudi 21 juillet 1712, de Claude-Geneviève, née du 20 dernier, fille de haut et puissant seigneur messire François-Bernard Briçonnet, marquis d'Oysonville et autres lieux et de haute et puissante dame Marie-Madeleine de Sève, son épouse, demeurant ensemble, place Royale, et a été tenue sur les fonts par messire Guillaume-Claude Testu, marquis de Balincourt, colonel du régiment d'Artois, brigadier des armées de S. M., et par dame Geneviève de Sève, veuve de messire Antoine de Genoude, chevalier, seigneur de Guibeville, la dite dame demeurant aussy place Royale.

## (59)

25 février 1734, Contrat de mariage d'André-René du Pont d'Aubevoye de la Roussière, unique fils de René du Pont d'Aubevoye et de Marie-Marguerite de Gennes dame de Launay, avec Claude-Geneviève Briçonnet d'Oysonville. Présents : Jacques du Pont d'Aubevoye, chevalier, seigneur de la Roussière, oncle, et dame Marie Le Jumeau de Périers, sa femme; Renée-Anne de Gennes, tante; François-Charles du Pont d'Aubevoye de la Roussière, seigneur de Lauberdière, cousin, Charlotte-Marie Giroust, sa femme; Philippe-Madeleine de Gennes, veuve de Louis-Ambroise de Periers, baron de Saint-Georges; Louis de Periers, baron de Saint-Georges; Jean-Baptiste de Villiers, seigneur du Teil; Jean, évêque d'Angers. D'autre part : M<sup>me</sup> la marquise d'Oysonville, mère; M. le marquis de Maillé de Jalesnes, cousin; et par procuration M. le marquis d'Oysonville, frère aîné, capitaine au régiment du roi, actuellement en Italie; M. le chevalier d'Oysonville, lieutenant au même régiment; M. le chevalier Briçonnet, garde-pavillon en garnison au château de Vincennes, frères cadets.

(60)

A Monsieur,

Monsieur le comte de la Roussière,

en son château de Launay-Bafert, à Beaugé en Anjou,

A Oysonville, ce 26, my prenant d'avance.

Toujours bien charmée, mon cher fils, quant je reçois de vos nouvelles et de ma chère fille, vous aimant tous deux tendrement et bien occupée de vous. Cela fait un adoucissement à mes ennuis. Vostre frère qui vous fait cent amitiés n'a pas eu de mal à la teste à la suitte de sa purgation, mais il a un gros rhume avec fièvre tous les jours, j'en estois inquiette, mais en voilà trois qu'il ne l'a pas et bien mieux, ainsy j'espère que c'est dit. A la fin de la semaine prochaine nous nous rendrons à Paris, je voudrais y être rendue sans envie de voiage, estant d'un villain jour de route, pour moi il faut la faire courte... M. Guillaume m'a acheptée ma ferme de Sermonville 5000 livres. M. Fontaine n'avait pas parlé de pot-de-vin, je n'en ai pu tirer que 6 louis... J'embrasse ma chère fille tendrement et vous mon cher fils, portés vous bien l'un et l'autre. Vous voyez mon encre affreuse, mais je n'en suis pas moins vostre tendre mère          Briçonnet de la Roussière.

(61)

Monsieur,

Monsieur le comte de la Roussière,

à son château de Launay-Bafert, à Beaugé en Anjou.

A Oysonville, ce 11 janvier 1779.

Ce m'est une vrai satisfaction mon cher fils et adoucissement à mes ennuis de recevoir de vos nouvelles et de votre chère moitié que j'aime tendrement et embrasse de même, je voulais pourtant la scavoir toute quittés de ces villains maux de tête, il faut l'espérer dans plus belle saison, pour moy je suis assés heureuse de me bien porter, je n'ay rien qu'un peu de griffonnage à mon pied gouteux, mais c'est mon bien. Pour l'air, celuy d'icy tout-à-fait meilleur qu'à Paris, c'est les repas sy dérangé de la province ou mon estomac ne se peut faire, à mon âge nouvelles habitudes ne sont pas aise à prendre. Votre frère qui vous fait et à ma fille mil amitiés a eu plusieurs ressentiments de sa figure, samedy une prise et demye de poudre Dhaillot le fit aller jusqu'au sang, dimanche de la fièvre, celà marquait bien la grande abondance d'humeurs, il était bien, en conséquence il en a repris une prise ce jour-là qui luy a bien fait, je pense qu'il luy en faudra encore une pour le remettre en son état naturel. Vous aurez donc bien commencé l'année et tous réunis, j'estois bien de cœur avec tous les chers parens et voisins vous pourrès les en assurer. Nos voisins m'ont chargé aussi de vous faire leurs respects, le bon abbé nous traita hier[1], son frère ne put en estre, je luy enverray mon chanoine de Cléry, qui est bien déliant, connoit mieux Congerville[2] que nous, et ne se peut faire de ce que cette terre et les autres sont sy peu affermées qu'il me donneroit fermier à 3.500 livres, qui y feroient bien leurs affaires, mais cette estimation n'a pas été à mon profit, disant me faire grâce... Je n'eu pas agi comme vient de le faire M. de Brisay de Denonville, bataille plutôt que de souffrir l'estimation. J'ay bien à cœur le duc de Villeroy et presse pour ce, aucun de mes débiteurs ne débourse. M^me de Vansay et ma fille m'ont écrit, autant les lettres des proches ou tous miens sont satisfaisans, autant les autres sont, à vous parler vray, à charge. M^lle de Brou ne l'a pas fait, je la reconnais à cette indifférence, la petite sœur de La Fontaine se porte bien, faite de même, mes chers enfants, ne soiès pas inquiets de moy, Dieu qui a changé ma position, je le prie de faire ce qui puisse être à la satisfaction et la tranquilité de vous, mes chers enfants et de moy, j'attens votre réponse à ma dernière lettre et suis en vous embrassant tous deux aussy tendrement que je vous aime.          Briçonnet de la Roussière.


(62)

Certificat de la commune d'Oysonville, attestant que c'était la résidence de « la citoienne Claude-Geneviève Dupont la Roussière, décédée âgée de 81 ans, taille de 4 pieds 10 pouces, cheveux gris, sourcis châtains, yeux gris roux, nez aquilain, bouche grande, menton rond, front élevé, visage ovale, qui y résidait sans interruption depuis vingt ans. »


[1] L'abbé Bréant, prieur de Savigny, chapelain d'Oÿsonville.
[2] La seigneurie de Congerville relevait en partie de l'abbaye de Clery.

(63)

M<sup>me</sup> la marquise d'Oysonville et de la Roussière a laissé deux fils et plusieurs filles, mortes religieuses ou en bas âge.

Le 2 mars 1735, baptême dans l'église de Lasse en Anjou, de René-Jacques-Claude, né le 11 novembre 1734, et ondoyé alors, tenu sur les fonts par Jacques du Pont d'Aubevoye, seigneur de la Roussière et par M<sup>me</sup> Marie-Madeleine de Sève, marquise d'Oysonville, son aïeule. Présents : André-René du Pont-d'Aubevoye de la Roussière, seigneur de Chevaignes et de Launay-Bafert, père de l'enfant ; Claude-Geneviève Briçonnet d'Oysonville, sa mère ; Jean-Baptiste de Villiers, seigneur du Teil ; Charles-Bernard Briçonnet, marquis d'Oysonville ; messire Claude-Henry Briçonnet d'Oysonville, officier des galères de France, oncles.

(64)

Séance du Comité de surveillance de Baugé, du 16 octobre 1793, an II de la République une et indivisible.

Motifs de l'arrestation de René-Jacques-Claude Dupont d'Aubevoye, et de Louise-Anne Ursule Bouet, sa femme. Ce Dupont et sa femme sont nés nobles, ils se qualifiaient de Comte de la Roussière, ils sont imprégnés de tous les défauts attachés à cette caste. Dupont, leur frère, chevalier de Saint-Louis, capitaine d'artillerie est émigré avec sa femme et ses enfans. René Dupont et sa femme *sont les ennemis jurés de la Révolution,* pour être à même de faire passer des secours à leur frère émigré, ils vivent depuis la Révolution d'une manière qui ne peut que les rendre criminels aux yeux des vrais républicains. Cet homme affichant la probité surprit l'année dernière un arrêté au département de Maine-et-Loire qui prive la république d'une somme importante, voilà le fait! Dupont, émigré, marié depuis dix ans, tenoit maison à partir de son mariage, au moment de son émigration il occupoit un château. Quelque tems après, le directoire du district de cette commune fit afficher la vente de ses meubles, ce Dupont présente une pétition au département, il avance que les meubles luy appartiennent parce que dit-il cette habitation étoit quelque tems auparavant occupée par une personne dont sa femme étoit héritière mobiliaire pour partie et sans donner d'autres preuves que sa probité fondée sur sa prétendue naissance et 50.000 livres de rente, il obtint main-levée du sequestre et la nation se trouve privée d'un mobilier qui pouvait valoir 1.200 livres et plus. Ce Dupont et sa femme désirant la contre-révolution ont refusé de donner des fermes à des jeunes gens époux, fils de leurs fermiers, sous prétexte qu'ils avoient été mariés par des assermentés dont ils suivoient le culte. Il n'y a pas de preuves de ce fait, mais il est connu par la clameur publique; tous ces motifs l'ont fait déclarer suspect et mettre en arrestation ainsi que sa femme. Ont signé : Ferrière, Mancion, Cottineau, Chicotteau, Le Mesle, Vallée, Normand, Bardet, Salle, Fiston.

(65)

Convention Nationale, Comité de Sûreté générale du 22 vendémiaire, an III de la République une et indiv.

Vu la réclamation du citoien Marras [1], député et les pièces relatives au citoien René-Jacques-Claude-Dupont et à son épouse détenus à Saumur, le Comité arrête que le dit Dupont et son épouse seront mis en liberté et les scellés levés au vu du présent arrêté. Charge de l'exécution l'agent national du district de Saumur. — Signé : Goupilleau, Merlin, Clauzel, Bentabole, Bourdon de Loise et Lesage-Tenault.

(66)

Monsieur de la Roussière sur une seconde dénonciation fut remis en prison avec sa femme, d'abord à Baugé puis à Saumur, c'est à ce second emprisonne-ment qu'il est fait allusion dans la lettre suivante :

Au citoien Maras, Commissaire du district exécutif près le département d'Eure-

---

[1] Représentant du peuple au Conseil des Cinq-Cents.

et-Loir, à Chartres. La citoienne Bonet, veuve Jomelière, citoien à laquelle vous vous interessès a été rayée définitivement par arrêté du directoire exécutif du 19 messidor an IV, le citoien Dupont la Roussière l'a été par arrêté du 19-13 brumaire, an V, quant à la citoiènne Dupont la Roussière, je vais examiner sa réclamation et j'en présenterai incessamment le rapport au Directoire exécutif. Salut et fraternité.

Cochon,<br>Ministre de la Police générale de la République.

(67)

15 vendémiaire, an V. Vente de Gommerville à Jean Defaucamberge, ancien notaire à Orléans, y compris l'ancien château au bout du bourg vers Angerville, tenant d'autre part au chemin du tour de Gommerville, d'autre au levant, au chemin de Grandville.

2° La ferme des Petits-Carneaux sise à Gommerville.

(68)

Mercredi 13 janvier 1817, mort de René-Jacques-Claude du Pont d'Aubevoye, marquis de la Roussière et d'Oysonville, âgé de 83 ans, à Orléans, 31, rue de la Bretonnerie, à 4 h. du soir.

## (69)

# HENRY CHARLES DU PONT D'AUBEVOYE DE LA ROUSSIÈRE COMTE D'OYSONVILLE, Frère du précédent.

## (70)

15 janvier 1738, baptême, dans l'Église de Chaveignes en Anjou, de Henry-Charles, fils d'André-René du Pont d'Aubevoye de la Roussière et de Claude-Geneviève Briçonnet d'Oysonville, tenu sur les fonts par le chevalier Claude-Henry Briçonnet, son oncle, et par dame Marguerite-Charlotte Giroust, absente.

J'ai soussigné Marguerite-Charlotte Giroust, épouse de messire François-Charles du Pont d'Aubevoye, chevalier, seigneur de la Roussière, constitué pour ma procuratrice la personne de Louise Touchard[1], pour tenir sur les fons de batesme, l'enfans dont M$^{me}$ de la Roussière de Launay-Bafert est enseinte avec M. le chevalier de Brisonet, ou autre, ayant de lui pouvoir et luy donner le nom que la dite dame de la Roussière indiquera, promettant avoir le tout pour agréable. — Fait à la Flèche, le 26 décembre 1737.

Giroust la Roussière.

## (71)

Extrait du Registre des délibérations du comité de la milice de la ville de Baugé du 19 août 1789. — Les membres du Comité assemblés en la manière accoutumée, lecture faite d'une lettre en date du 16 de ce mois, adressée à MM. de la municipalité et du comité de Beaugé, par laquelle M. le comte d'Oysonville les engage à faire accepter par la ville, l'hommage qu'il lui fait de deux canons trouvés à son château du Bouchet et transportés en cette ville, ainsi qu'il est constaté par le procès-verbal de MM. Guillot et Ferrière, major et capi-

---

[1] Louise Touchard femme de chambre de M$^{me}$ la marquise d'Oysonville.

taine de la milice. Le comité déclare reçevoir avec reconnoissance le don de deux canons, fait à la ville par M. le comte d'Oysonville et le regarde comme un gage précieux de son patriotisme et une nouvelle preuve des sentimens qui ont dans tous les tems distingué en lui le gentilhomme français et le bon citoyen.

Délivré par mandement du comité.                    Chevré, secrétaire.


(72)


Le comte d'Oysonville à son dernier fils, Eugène [1], qui venait d'entrer à l'École militaire Saint-Germain.

Orléans, ce 22 avril 1812.

J'ay éprouvé et j'éprouve, mon cher petit bon ami, combien c'est cruel de se séparer de ce que l'on aime, tu ne dois pas douter combien tu m'es cher, aussi quel fut ma position quand je perdis de vue cette calèche qui m'enlevait celui qui par sa présence faisait mes délices, oui ce cher enfant qui ne m'avait jamais quitté et que j'ay si souvent porté dans mes bras, tous ses mouvements faisaient ma plus douce satisfaction, il ne faut pas moins que l'espoir de voir tes vœux remplis, et l'espérance de ton bonheur pour m'aider à supporter notre séparation, je te vois et te suis sans cesse partout, mais ce n'est pas la réalité. Je te sais bien bon gré, mon cher petit ami, d'avoir par ta lettre que je reçus hier, adouci ma peine, par le plaisir de te lire et me donnant l'assurance de tes sentiments et quoique nous n'ayons pas quelquefois été d'accord par la différence de nos idées, cela n'a jamais altéré nos sentiments pour toi, je rendais bien justice aux tiens et à ton excellent cœur, je n'ai jamais pris le change sur ton heureux et bon caractère, aussi je ne doute nullement que ta conduite soit d'après les principes que tu as reçu, que j'ai plutôt plaint ta pauvre mère! et que je t'ai plaint de même, car jusqu'à notre séparation tu n'avais pas connu l'excellence de ton cœur, ce

---

[1] Marie-Thomas-Eugène, comte, puis marquis d'Oysonville, marié par contrat du 13 mars 1828, signé le 23 suivant, aux Tuileries, par le roi, Mgr le Dauphin, M<sup>me</sup> la dauphine, S. A. R. Mad. la duchesse de Berry, à Eugénie-Antoinette Gobert, fille d'Auguste-Emmanuel Gobert et d'Antoinette-Julie Guerard. La comtesse d'Oysonville est morte à Paris, le 5 août 1831, à 22 ans. Son mari épousa en deuxièmes noces sa nièce Louise-Pauline-Eugénie Odart de Rilly, le 8 août 1833, à l'église Sainte-Madeleine, à Paris. Il est mort sans enfants de ses deux mariages.

moment vous a également coûté, je n'en doutais pas mais il a fallu que la raison commande. Enfin te voilà lancé dans une carrière ou tu réussiras, et par un heureux hazard, tu es entré dans un moment favorable, car je vois que vous serez bien pour la nourriture, quant à l'habillement, ce n'est plus les petits jabots quelquefois mal plissés, mais la raison l'emportera sur les souvenirs. . .

(73)

Du même au même :

Tu vas donc, mon cher enfant, recevoir le baiser d'adieu de ta tendre et bonne mère, cet instant vous sera également sensible et douloureux, je le partage bien véritablement et je mêlerai mes larmes aux vôtres, nos cœurs étaient faits pour ne pas nous séparer, si le sort en décide autrement il ne changera rien à nos sentiments, tu connais les nôtres et je rend justice aux tiens, ce n'est que dans cette certitude que mon existence puisse être adoucie et par le bonheur que tu pourras goûter. Oui mon cher petit, il faut que je puisse me persuader que quelque jour tes souhaits seront satisfaits pour que je puisse m'étourdir sur le moment présent, le changement qui s'est fait dans l'école fait que je suis moins tourmenté sur ton changement si subit, car on peut dire que ce passage est comme celui de ce monde en l'autre. Mais si ta santé peut soutenir la variété des Exercices, alors je serai plus tranquille. Tu écriras à ton oncle et à ta tante, [1] en t'appliquant pour que cela soit bien lisible et quelques petits détails et reconnaissances, etc. Adieu cher enfant toujours aimé et chéri, je t'embrasse mille et mille fois. Ta sœur t'embrasse ainsi que ton beau-frère [2], il me faut t'écrire très laconiquement, car cela prendrait tes moments avec nous. Je me porte bien, je dors bien, bois et mange de même.

(74)

La Comtesse d'Oysonville à son fils Eugène :

C'est donc hier, cher bon ami, que tu as embrassé une nouvelle carrière, que

[1] Le marquis et la marquise de la Roussière et d'Oysonville.
[2] Le marquis et la marquise de Rilly.

j'ai plaint ton cœur toute cette journée car quelque soyent tes désirs pour la partie militaire, on ne se sépare pas d'une mère tendre, d'un père et d'un frère[1] qui tous nous aiment tendrement après avoir passé avec eux des jours si doux, sans éprouver une émotion bien sensible, non que tu rentres dans une école ou la réputation des chefs dans tous les genres, annonce qu'un jeune homme bien né et avec des dispositions les plus heureuses trouve dans leur justice un appuy à la bonne conduite, puisque tu t'es fait aimer de tes maîtres et de tes camarades, suis la même conduite, songe quelquefois à la peine que me cause notre séparation, combien je me trouve isolé. Ainsi ne néglige aucun moyen pour que nous puissions nous revoir quelques instants, tu pourras par ouy dire juger des jeunes gens qui viennent de sortir et juger de ceux qui auraient pu être de ce nombre, fais ton profit de tout en ne négligeant pas tes devoirs militaires et n'oublie jamais ceux qui doivent être inséparables de l'honnête homme. . . . . .

[1] Théodore, alors officier de marine — et dont voici l'extrait baptistaire — 8 mai 1784, baptême dans l'église de Bocé (paroisse du château de Lauberdière), de André-Charles-Théodore, etc., parrain Louis-André-Hector le Gros de Princé, Baron de Vignay (château qui lui venait des Hurault de l'Hospital par alliance, situé près d'Etampes), chevalier de saint-Louis, grand oncle maternel, représenté par Louis-Laurent-Marie-Joseph du Breuil du Bost, chevalier, seigneur de la Blinière ; marraine Alexandrine-Thérèse-Constance Poute de Nieul, comtesse de Venevelles, cousine paternelle, présents encore : le comte d'Oysonville, père, le comte de la Roussière, oncle, le comte de Lauberdière, oncle, demoiselle Claire du Pont d'Aubevoye de Lauberdière, tante, le comte de Venevelles, cousin.

# FILIATION DES PROPRIÉTAIRES ET SEIGNEURS D'OYSONVILLE [1]

*Avec la descendance des d'Allonville dans la seconde maison d'Oysonville.*

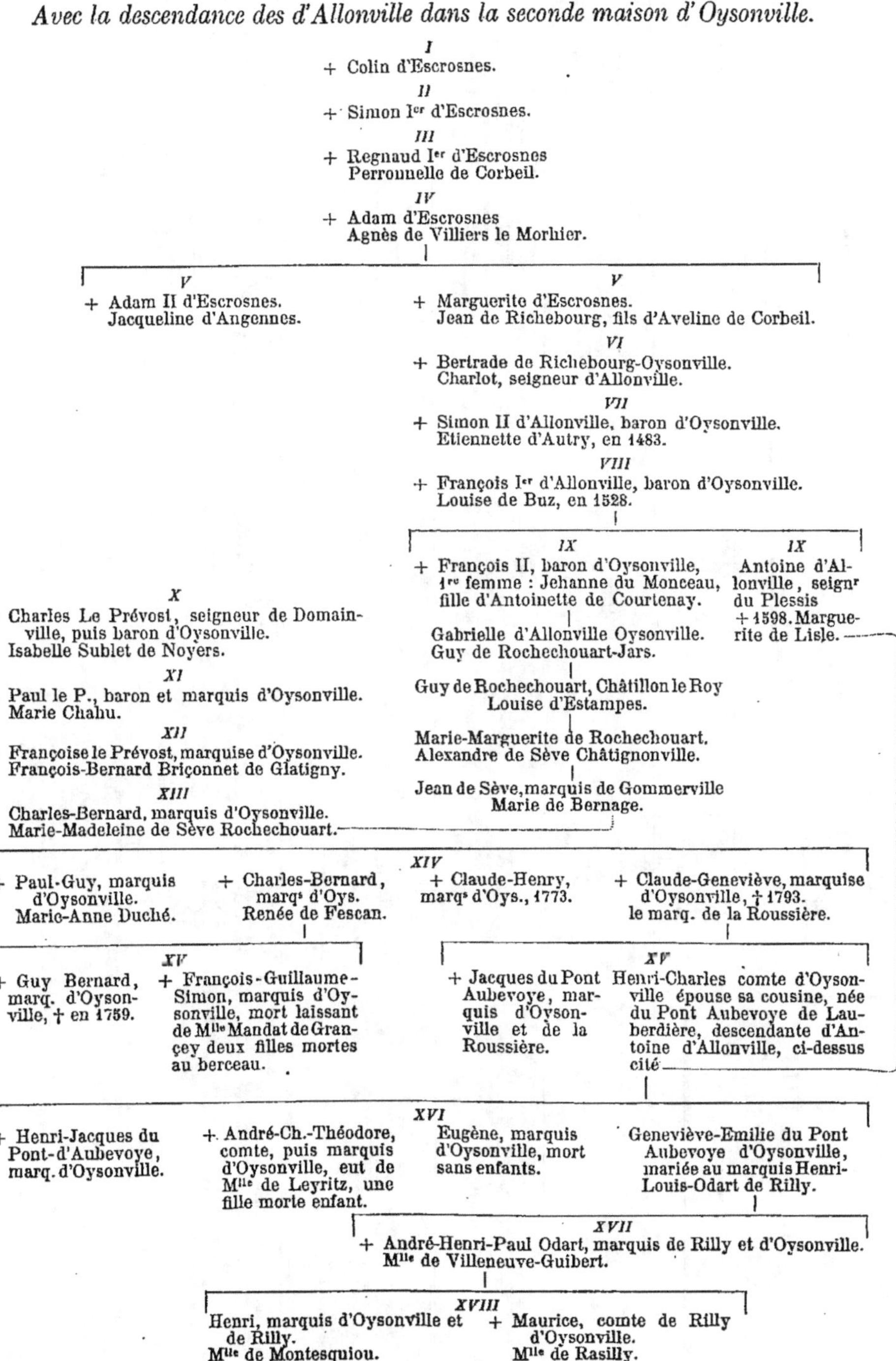

*I*
+ Colin d'Escrosnes.

*II*
+ Simon Ier d'Escrosnes.

*III*
+ Regnaud Ier d'Escrosnes
Perronnelle de Corbeil.

*IV*
+ Adam d'Escrosnes
Agnès de Villiers le Morhier.

*V*
+ Adam II d'Escrosnes.
Jacqueline d'Angennes.

*V*
+ Marguerite d'Escrosnes.
Jean de Richebourg, fils d'Aveline de Corbeil.

*VI*
+ Bertrade de Richebourg-Oysonville.
Charlot, seigneur d'Allonville.

*VII*
+ Simon II d'Allonville, baron d'Oysonville.
Etiennette d'Autry, en 1483.

*VIII*
+ François Ier d'Allonville, baron d'Oysonville.
Louise de Buz, en 1528.

*IX*
+ François II, baron d'Oysonville,
1re femme : Jehanne du Monceau,
fille d'Antoinette de Courtenay.

Gabrielle d'Allonville Oysonville.
Guy de Rochechouart-Jars.

Guy de Rochechouart, Châtillon le Roy
Louise d'Estampes.

Marie-Marguerite de Rochechouart.
Alexandre de Sève Châtignonville.

Jean de Sève, marquis de Gommerville
Marie de Bernage.

*IX*
Antoine d'Allonville, seignr
du Plessis
+ 1598. Marguerite de Lisle.

*X*
+ Charles Le Prévost, seigneur de Domainville, puis baron d'Oysonville.
Isabelle Sublet de Noyers.

*XI*
+ Paul le P., baron et marquis d'Oysonville.
Marie Chahu.

*XII*
+ Françoise le Prévost, marquise d'Oysonville.
François-Bernard Briçonnet de Glatigny.

*XIII*
Charles-Bernard, marquis d'Oysonville.
Marie-Madeleine de Sève Rochechouart.

*XIV*
+ Paul-Guy, marquis d'Oysonville.
Marie-Anne Duché.

+ Charles-Bernard, marqs d'Oys.
Renée de Fescan.

+ Claude-Henry, marqs d'Oys., 1773.

+ Claude-Geneviève, marquise d'Oysonville, + 1793.
le marq. de la Roussière.

*XV*
+ Guy Bernard, marq. d'Oysonville, + en 1759.

+ François-Guillaume-Simon, marquis d'Oysonville, mort laissant de Mlle Mandat de Grancey deux filles mortes au berceau.

*XV*
+ Jacques du Pont Aubevoye, marquis d'Oysonville et de la Roussière.

Henri-Charles comte d'Oysonville épouse sa cousine, née du Pont Aubevoye de Lauberdière, descendante d'Antoine d'Allonville, ci-dessus cité.

*XVI*
+ Henri-Jacques du Pont-d'Aubevoye, marq. d'Oysonville.

+ André-Ch.-Théodore, comte, puis marquis d'Oysonville, eut de Mlle de Leyritz, une fille morte enfant.

Eugène, marquis d'Oysonville, mort sans enfants.

Geneviève-Emilie du Pont Aubevoye d'Oysonville, mariée au marquis Henri-Louis-Odart de Rilly.

*XVII*
+ André-Henri-Paul Odart, marquis de Rilly et d'Oysonville.
Mlle de Villeneuve-Guibert.

*XVIII*
Henri, marquis d'Oysonville et de Rilly.
Mlle de Montesquiou.

+ Maurice, comte de Rilly d'Oysonville.
Mlle de Rasilly.

Aimeri ODART, né sous Philippe Ier, fut un des bienfaiteurs de l'abbaye de Fontevrault, à laquelle, en 1115, il donna sa dîme des Loges, du consentement de Pétronille, sa femme. Il paraît dans trois autres donations à cette abbaye avec Aimeri son fils, Renaud de Rasilly et d'autres seigneurs.

Jean ODART, témoin d'un accord passé à Loudun, en 1163, en présence d'un autre Jean Odart prévôt de l'église de cette ville.

Guillaume ODART, chanoine d'Angers. Aimeri Odart, seigneur de Denée en 1225; Aimery Odart, chevalier, marié à Julienne, dame de Bernezay, en Loudunais, 1253-1270, dont chanoine de Saint-Martin de Tours, et Pierre Odart, chevalier.

Guillaume ODART, chevalier, vend, en 1210, 4 muids, mesure de Poitiers, à prendre sur sa terre de Lisle, près Loudun, du consentement de Marguerite, sa femme, dont il eut : 1° Guillaume Odart, chevalier banneret qui suivit le roi Philippe-le-Hardi dans sa guerre contre le comte de Foix ; 2° Aimeri ODART, commandeur (praeceptor), de l'ordre du Temple, à Tortose en Syrie, fit partie des croisades de saint Louis ; son nom et ses armes figurent au musée des Croisades du Palais de Versailles ; 3° Pétronille, femme du seigneur de Saint-Cassien ; 4° Jean qui suit :

**1** — Jean ODART, seigneur de Verrières en Loudunais et de Rochemeaux, chevalier banneret, † en 1275. Femme : Jeanne de Ramefort.

TABLEAU GÉNÉALOGIQUE
DE LA MAISON
DES ODART
DE CURÇAY, DE RILLY
& D'OYSONVILLE

**2**

Hugues ODART, Chevalier, seigneur de Verrières, Veniers, † en 1308. Femme : Béatrix Turpin de Crissé, dont

Aimeri ODART, seigneur de Pairou, vivant en 1280. Femme : Jehanne, dont

Guy ODART, Chevalier, seigneur de Monts. Femme : Jeanne de Beauçay, dont

Pierre ODART, chevalier, seigneur de Rochemeaux et de Verrières, † sans alliance.

**3**

Hugues ODART, Évêque d'Angers, baptisa le roi Jean le Bon et mourut le 8 décembre 1323.

Jean II ODART, chevalier, seigneur de Verrières, etc. Femme : Agathe de Lezay, de la maison de Lusignan, dont

Guy ODART, chevalier, seigneur de Bocé en Baugeois, † sans alliance.

Aimery ODART, chevalier, seigneur de Chandoiseau et de Bernezay. En 1328, il combattait les anglais avec 8 écuyers à sa suite. Femme : Charlotte de la Haye, dont

Guillaume ODART, chevalier, seigneur de Payron, maréchal de la Bataille du roi en 1340. 1° Fme : N., 2° Fme : Aëlie veuve de Foucaud de Baussay.

Pétronille ODART, † sans alliance.

Guy II ODART, Chevalier, seigneur de Monts et Baslon, qualifié de « très valeureux chevalier » combattit les Sarrazins. Femme : Jeanne Frétard, dont

Geoffroy ODART, † sans alliance.

Jean ODART, Ecuyer, co-seigneur de Monts. Femme : W., dont

Jeanne ODART Femme d'Hugues, seigneur de Bançay

Robert ODART, chevalier, seigneur de la Buille, et du Petit-Pré, il servait en 1338 dans les guerres contre les anglais ayant 5 écuyers à sa suite. En 1340 il servit à l'ost de Bouvines. † sans alliance.

**4**

Hugues ODART chevalier, seigneur de Verrières, † sans alliance, à la bataille de Poitiers, 1356.

Aimart ODART seigneur de Verrières, Curçay. Femme : Jeanne, héritière de Curçay dont

Jeanne ODART Fme d'Hermitte de la Forest, seigneur de Vaudoré.

Guillaume ODART, chevalier, chambellan du Dauphin, ambassadeur en Flandres, chambellan du duc d'Orléans, † sans alliance.

Guyon ODART seigneur de Chandoiseau et de la Hubaillère Femme : N. dont

Philippe ODART Femme de Pierre Boivin, chevalier, seigneur de Villiers-Boivin.

Jean ODART, seigneur de Chemans Bangeois, servit dès 1337 dans les guerres. Femme : N., dont

Guillaume ODART, écuyer, seigneur de Payron et de Préaux près Loudun, gouverneur de Marans. Servait avec son père en 1340 à l'ost de Bouvines. † sans alliance.

Huet ODART, chevalier, seigneur de Ranton et de Champory, † en 1380. Femme : Orable de Montléon, dont

Guy ODART, chevalier en 1365, Chambellan de Louis I duc d'Anjou. Il combattit les anglais ayant 20 écuyers à sa suite, le roi le récompensa en lui donnant les seigneuries de Coussay et de la Sansonnière. Fme : Sibylle de la Beraudière. † sans enf.

Aimery ODART, écuyer, puis chevalier, plaida longtemps et eut de graves démêlés avec la maison de Bauçay, à cause de l'Étang de Champigny-sur-Vende. † sans alliance.

**5**

Guillaume ODART chevalier, seigneur de Verrières, de Curçay, de Rilly, etc., chambellan du roi et du roi René. 1° Fme : Isabeau de Craon-Châteaudun ; 2° Femme : Jeanne d'Ausseure, héritière de Guillaume et de Marie de Bauçay, dernière de son nom

François ODART écuyer du duc de Berry en 1411 † sans alliance.

Jean ODART seigneur de Bouillé Courdault tué par les Anglais à Soubise en 1414. Femme : Jeanne de Lonay, dame de Bouillé dont (Voir ci-dessous n° II).

Guillaume ODART seigneur de la Championnière près Montbazon † sans alliance, vers 1450.

Jean ODART, chevalier, seign' de Chandoiseau, etc., chambellan du roi servait en Guyenne avec 9 écuyers à sa suite en 1423. Il vivait encore en 1461 où il paraît comme témoin avec Jean de Rochechouart et Jean de Rasilly. 1° Fme : Isabeau de Maugé, dont il eut (Voir ci-dessous le n° III). 2° Fme : Jaquette de Cholet.

Guyon ODART, prêtre.

Marguerite ODART Dame de Bournay près Loudun Femme de Jean Savary chevalier.

Thibaut ODART, chevalier, seign' de Chemans, le Balloir, la Boissonnière, des Essars en Anjou, de Villiers Charlemagne, de Sourdé et de St-Germain de Lhomel au Maine. chambellan du roi en 1444 ; il avait servi dans la compagnie de Pierre de Bueil. Il fut inhumé dans l'église de Nueil-sous-Passavant en Anjou. 1° Fme : Marie Mallard, dame de Lasse en Anjou, veuve de feu Jean Turpin, chevalier ; 2° Fme : Philippe de Bournay, dame de la Boissonière. Il eut de ce second mariage (Voir ci-dessous le n° IV).

Jean ODART, chevalier, seigneur de Monts en Loudunais, chambellan du roi et du duc de Bourgogne, gouverneur du château de Langeais en 1410. Il fut un des héritiers de Jeanne de Bauçay comtesse de Pézenas, sa tante. Femme : Arnoule de Lannoy, dont (Voir ci-dessous le n° V).

*Du premier Lit* — *Du second il* — **6**

Pierre ODART. seigneur de Colombiers en Touraine, de Vauchrétien en Anjou, † avant son père en 1434. Fme : Louise dame de Longny-au-Perche héritière de Louis, baron de Longny, vicomte de Rémalart, maréchal de France, dont

Françoise ODART dame de Verrières en Loudunais de Colombiers et Savonnières en Touraine, baronne de Longny au Perche. Mariée le 6 août 1438 à Théaude de Chateaubriand, depuis comte de Cazan au roy^me de Naples. Baron du Lyon d'Angers, etc., dont post. représentée par le marquis et comte de Rilly, par suite d'alliances avec les du Pont d'Aubevoye, de Gennes et de Chambes-Montsoreau.

Guillemette ODART mariée le 9 janvier 1418 à Bertrand de la Jaille, chambellan du roi René, chevalier du Croissant, Gouverneur de Loudun.

Aimery ODART † sans alliance.

Jacques ODART, chevalier, baron de Curçay, grand Fauconnier et g^d Pannetier de France, Chambellan du roi et de René d'Anjou, gouverneur de Civray et de Montargis. Femme : Charlotte de Preuilly, dont

François ODART écuyer, seign' de la Fuye-Marigny, en Châtellerandais. Femme : Marie de Montespedon dont

Jacques ODART, † sans alliance.

Katerine ODART dame de Rochemeaux, Femme de François Bouchard, baron d'Aubeterre et d'Olonde, grand sénéchal d'Angoumois, dont elle eut entre autres Louis Bouchard d'Aubeterre, « chevalier sans peur et sans reproche » † âgé de plus de cent ans.

Louis ODART Baron de Curçay, seigneur de Sammarcoles † avant 1513. Chambellan du roi. Femme : Marguerite d'Estampes dont (Voir le Tableau II)

Marie ODART Élevée auprès de la princesse de Navarre, le roi la maria le 20 février 1475, à Bertrand de Maumont, seigneur de Tonnay Boutonne.

Loyse ODART non mariée.

Katerine ODART dame de la Petite Buissonnière. Mariée à Jean, seigneur de Vauloger, chevalier de l'ordre du roi, l'un des 100 gentilshommes de sa maison.

**7** Guillaume ODART, Ecuyer, seigneur de la Fuye Marigny, nommé échanson du roi en 1482, suivit Charles VIII dans la campagne d'Italie, et fit des dons importants au couvent du mont Saint-Bernard en Suisse, ce dont le pape le récompensa par des privilèges applicables à ses descendants. 1° Femme : Marguerite d'Availloles, fille de Jean, seigneur de Roncée en Touraine et de Jeanne Bureau de la Fuye en Loudunais. 2° Femme : Guyonne Joubert des seigneurs du Puy de Marigny (Voir le tableau III).

**N° II**

Jean II ODART seigneur de Bouillé, † en 1437, sans enfants de Yolande du Retail.

Katerine ODART dame de Bouillé, mariée : 1° à Arthur Bonnet, chevalier, seigneur de La Chapelle-Bertrand ; 2° à Jean II, Sanglier, seigneur du Boisrogues. Elle fut inhumée dans la chapelle Saint-Eutrope, du Boisrogues, près Loudun, et fut trisaïeule du célèbre veneur vendéen Jacques du Fouilloux.

**N° III**

Isabeau ODART dame de Chandoiseau, morte avant son père. Mariée à Thomas de Corquilleray, en Orléanais, elle en eut un fils.

**N° IV**

Jeanne ODART qui épousa Geoffroy, seigneur de la Grezille, dont une fille unique, mariée au seigneur de Crissé et de Vihiers.

Marie ODART dame de Chemans de la Boissonnière, etc. Femme d'Hardy le Roux, chev. seigneur de la Roche des Aubiers, chambellan du roi dont postérité aujourd'hui représentée par les marquis et comte de Rilly, par suite d'alliances avec les familles du Pont d'Aubevoye, de Villiers, Lauberdière et Petit de La Guierche.

Huberte ODART femme : 1° de Jean Turpin, seigneur de la Motte Angibert, † sans enfants. 2° de Jean III de la Béraudière, dont postérité.

**N° V**

Jeanne ODART dame de Monts et de Baslon, femme de Guy de Brillac, chevalier, seigneur d'Argy en Touraine et de Villenesay, dont Postérité, représentée par les marquis et comte de Rilly par suite d'allian. avec la famille de Saint-Germain.

TABLEAU N° II

---

**François Odart,** chevalier, baron de Curçay, seigneur de Sammarcoles, Maulevrier, etc., chambellan du roi, en 1316, le roi lui confirma les dons faits à son père et à son aïeul.
1° Femme : Marguerite de la Voyerie ; 2° Françoise des Aubus, remariée à Celse de Choiseul, sire de Traves.

**Louise Odart de Curçay** morte sans enfants de Hardy le Roux, chevalier seigneur de La Roche des Aubiers et de Chemens, son cousin.

*Du I<sup>er</sup> Lit.* — *Du II<sup>e</sup> Lit.* — **8**

**Guillemette Odart** non mariée.

**Jacques Odart,** seigneur de la Fuye de Marigny.
Femme : 29 mai 1517, Anne de Barbezières, dont

**Marie Odart** De la Fuye, † sans alliance.

**Marguerite Odart** De la Fuye, mariée le 24 juillet 1532, à Jean de Gebert, seigneur de Noyant en Touraine, dont postérité.

---

*Du I<sup>er</sup> Lit.* — *Du II<sup>e</sup> Lit.*

**Anne Odart,** dame de Curçay Maulevrier, etc, etc.
Mariée à : 1° Jacques de la Vernade ; 2° Mathurin de la Brunetière ; 3° Jean-le-Petit, seigneur de la Vauguyon dont elle eut postérité.

**Jeanne Odart,** morte jeune, femme de Louis des Housseaux, chevalier, elle n'en eut pas d'enfants et mourut avant ses parents.

**9**

**Jean Odart,** Seigneur de la Fuye de Marigny et de Vauguérin en Touraine, écuyer du roi Henri II. Servait dans les chevau-légers de René de Courtenay. Il mourut en 1587 et fut inhumé dans l'église de Marigny.
Femme : Par contrat du 27 janvier 1549, Olive de Saint-Germain, fille de René, seigneur de Saint-Germain, et de Madeleine de Rivaude, de ce mariage vinrent

**Jean Odart,** dit le jeune, reçut de son frère à l'occasion de son mariage les fiefs du petit Bournezeau, de Sully et le bois de la Glaye, paroisse de Chouppes. Il mourut sans postérité de Jeanne de Marquier, fille de feu Jean, seigneur de la Richardière en Mirebelais et de Françoise de Pillone qu'il avait épousée par contrat du 17 septembre 1555.

---

**10**

**Claude Odart,** chevalier, seigneur de la Fuye, de Vauguérin, attaché d'abord à l'amiral de Savoie-Villars, puis au duc de Mayenne, deuxième chef de la ligue, qui devait devenir son oncle. Il fut nommé en 1608, gentilhomme de la chambre d'Henri IV, charge qu'il conserva sous Louis XIII, puis en 1612, gouverneur de la Ferté-Bernard. En 1627, il servit en qualité d'amiral pendant le siège de la Rochelle. Il fit son testament à Paris, le 26 mai 1623. — Femme : Par contrat passé à Paris, en l'hôtel Montholon, le 18 février 1602, Honorée de Thienne, nièce de Saint Gaëtan de Thienne, fille de Nicolas, des comtes de Thienne, en Italie, et de Jeanne de Savoie-Villars, fille légitimée du prince Honorat de Savoie, marq. de Villars, comte de Tende, maréch. et amiral de France, dont

**Hugues Odart,** seigneur de Vauguérin, † jeune, sans alliance, et inhumé selon sa volonté aux Carmes de Poitiers.

**Charles Odart,** seigneur de la Chaume et de Gastobource.
Femme : Judith Joubert, dont il eut

**Léonore Odart** de la Fuye, mariée à Charles de Bethoulat, seigneur du Donjon.

**Andrée Odart** de la Fuye, morte sans alliance

---

**11**

**Henri Odart,** nommé le chevalier de la Fuye, né à Paris, le 11 mai 1604, filleul de ses oncle et tante, Henri de Lorraine et Catherine de Lorraine, duchesse de Nevers. Capitaine de cent hommes d'armes, en 1623, en Allemagne, sous le commandement du comte de Mansfeld. Capitaine des Gardes du duc de Mantoue, son cousin. Gouverneur de Mantoue en 1631, Capitaine des chevau-légers du cardinal de la Valette, tué à Metz en duel, en 1635, sans alliance. Sa mort tragique, au début d'une carrière qui semblait devoir le mener aux premiers emplois, est racontée dans les mémoires du cardinal de la Valette et dans les historiettes de Tallemant des Réaux.

**Claude II Odart de la Fuye,** appelé le chevalier de Vauguérin, d'abord destiné à l'église, puis enseigne de la Compagnie de Marolles. Il passa en Italie dans le secours envoyé au duc de Mantoue qui lui donna en 1635 la compagnie de ses Gardes. En 1636, il était colonel-major du régiment de Canal. Le 5 février 1637, le duc le nomma gouverneur de Porto, forteresse de Mantoue. Il mourut en 1666. — Femme : par contrat du 13 septembre 1645. Anne de Barandin, fille d'Honorat, originaire du Piémont, seigneur de Mauvières, etc., et de Marie de Cerisiers, elle avait un frère et deux sœurs, M<sup>mes</sup> de Menou du Mée et d'Ancelon Fontbaudry, de ce mariage vinrent

**Catherine Odart de la Fuye,** mariée le 19 août 1642, au château de Vauguerin, à Anne Bonnin de la Bonninière, dont postérité.

**Aimée Odart de la Fuye,** baptisée dans l'église Saint-André-des-Arts, à Paris, le 18 août 1612. Mariée le 29 octobre 1633, au château de Vauguérin, à Louis d'Equineau, seigneur de Jarriais, dont elle n'eut pas de postérité.

**Françoise Odart,** Dame de la Chaume, mariée par contrat du 24 février 1634 à Marc du Sillas, depuis seigneur de Présault en Touraine, dont postérité.

---

**12**

**Charles Odart de la Fuye,** chevalier, seigneur de la Fuye, de Paviers, de Mougon, de Parigny, de Soudell, de la Tour du Rainier, etc. Il servit dans l'armée jusqu'à son mariage et mourut en 1720 où il fut inhumé dans le chœur de l'église de Mougon.
Femme : par contrat passé le 22 août 1668, Françoise de Dreux, fille de feu Jacques, gentilhomme du duc d'Orléans et de Françoise de la Roche Beaumont, elle mourut en 1724, laissant :

**Jacques Odart de la Fuye,** appelé le chevalier de Vauguérin, capitaine au régiment de Béarn, † sans alliance 1732, à Bouillon, dont il était gouverneur pour le roi.

**Françoise Odart de la Fuye,** religieuse ursuline au couvent de l'île Bouchard.

---

**13**

**Charles II Odart de la Fuye,** chevalier, seigneur de Paviers de Vauguérin, de Mougon, né le 8 novembre 1679. Cornette de la Compagnie mestre de camp au régiment royal des Carabiniers, 1698, lieutenant en 1<sup>er</sup> 1702, capitaine 1703.
Femme : Marie-Jeanne de la Faure, sœur du comte de la Faure, dont

**Jacques Odart de la Fuye,** chevalier, seigneur de Parigny et de Grandvault, né le 30 janvier 1687. Successivement enseigne, lieutenant et capitaine au régiment de Belzunce-dragons.
Femme : En 1722, Marie-Marguerite Bretonneau, dont

**Claude Henri Odart,** chevalier, seigneur de Rilly, Tour du Rainier, etc., né le 17 août 1690, capitaine aux dragons de Saint-Chamond, mort en 1754.
Femme : par contrat ... novembre 1721, Marie-Françoise du Chaussay, fille de Jacques et de Léonore du Silas, morte à Prézault, en 1752,

**René Odart de la Fuye,** appelé le chevalier de Beauregard, seigneur de Beauregard, dans la forêt de Chinon, né le 30 novembre 1687.
Marié à Françoise de Graterat de Roffiat, dont

**Françoise-Catherine Odart** de la Fuye, née le 5 octobre 1671. F<sup>me</sup> de Jean-Baptiste-Jacques Guesbin de Rassay, dont elle eut une fille, Madame de Boislambert.

**Louise et Anne,** religieuses ursulines à l'île Bouchard.

**Marguerite Odart de la Fuye,** religieuse franciscaine à Saint-François de Champigny.

---

**14**

**Marie-Jeanne Odart de la Fuye,** héritière de Paviers, Vauguérin, etc., mariée le 11 février 1736, à Jean-Jacques-Ours de Quinemont, dont postérité.

**Jean-Baptiste-Jacques Odart de Parigny,** chevalier, né le 3 mars 1704.
Femme : 16 novembre 1768, Marie-Jeanne-Henriette de Gruau de Blancy, dont :
*(Voir le Tableau n° III).*

**Marie-Françoise Odart de Parigny,** Femme de Antoine-Auguste le Sonfleur de Gaudru.

**Marie-Rose Odart de Parigny,** appelée M<sup>lle</sup> de La Tour, morte sans alliance.

**Marie-Anne** née à Prézault en 1726, † jeune.

**Claude-Henry III, Odart de Rilly,** appelé le M<sup>is</sup> de Rilly, né en 17.., enseigne de la C<sup>ie</sup> de Flavacourt en 1746, capitaine au régiment de Dauphiné. Incarcéré à Loches et à [illegible] pendant la Révolution. Sauvé [illegible] mort par le 9 thermidor, † en 1804.
F<sup>me</sup> : 23 juin 1770, Jeanne Am[illegible] Chabert de Prailles *(Voir le Tableau n° III).*

**Pierre-Mathieu Odart de Rilly,** appelé le chevalier d'Odart, capitaine en 1758 au rég<sup>t</sup> de St-Chamond, chevalier de St-Louis, tué en [illegible] sans alliance en 1804, à Rilly.

**Charles François Odart de Rilly,** appelé le chevalier de Présault, né le 5 novembre 1733, † sans alliance en 1773. Capit<sup>ne</sup> au régim<sup>t</sup> de Dauphiné.

**Françoise Odart de Beauregard,** morte très âgée à Loches en 1799.

# TABLEU Nº III

**15**

**Jacques Odart de Parigny,** né en 1771, mort à Loches en 1850. Femme : le 5 février 1793, Thérèse de Maussabré, dont

**Henriette Odart de Parigny,** morte sans alliance, en 1815.

**Anne-Hélène Odart de Parigny,** mariée le 17 octobre 1788 à Joseph-Louis de Lestenou, seigneur de Boucferré, officier aux Gardes.

**1**

**Henry-Louis Odart de Rilly,** Marquis de Rilly, né au château de Prézault, le 1 juin 1771. Page de Monseigneur le comte d'Artois en 1785. Officier à l'armée de Condé où il fut blessé deux fois, incarcéré au Temple à Paris, relâché au bout de quatre mois, lieutenant-colonel de la première compagnie des mousquetaires en 1814. Lieutenant-colonel d'État-major au même corps, fit toute la campagne d'Espagne. Officier de la Légion d'honneur, chevalier de Saint-Louis et de Saint-Ferdinand, mort à Paris le 15 avril 1832.

Femme : Par contrat passé au château du Bouchet en 1806, Geneviève-Émilie du Pont-d'Aubevoye d'Oysonville, fille d'Henri-Charles, comte d'Oysonville et de Marie-Louise du Pont-d'Aubevoye de Lauberdière, héritière de branche.

Les frères de la marquise de Rilly étant décédés sans enfants, la postérité de son fils se trouve représenter la maison du Pont-d'Aubevoye et tous les seigneurs connus d'Oysonville. La marquise de Rilly, née en 1781, à Lauberdière en Anjou, avait été élevée à Oysonville jusqu'à son départ pour l'émigration chez son aïeule et marraine Claude-Geneviève Briçonnet, marquise d'Oysonville et de la Roussière. Elle morte à Paris, le 16 mars 1857, laissant :

**Alexandre-Pierre, comte Odart,** né au château de Présault, le 1er mai 1778, mort à Tours, en 1856, le 20 août. Mis en 1787, au collège de Pontlevoy, la Révolution le réunit à son père dans les prisons de Blois, d'où ils devaient aller à l'échafaud. Reçu dans la suite à l'école polytechnique, à sa fondation, il fut quelque temps dans l'artillerie de marine. Démissionnaire à la mort de ses parents, il se livra à l'agriculture et popularisa, en Touraine, la culture du chanvre de Piémont et celle du peuplier blanc de Hollande. Plus tard, son goût le porta vers la viticulture, il publia coup sur coup deux ouvrages qui portèrent au loin sa célébrité : l'« Ampélographie universelle » et le « Manuel du Vigneron »; le comte Odart dont le nom fut bientôt connu de tous les viticulteurs européens, mérita par ses travaux et sa magnifique collection de cépages, qu'on dise un jour dans une assemblée de la Société d'agriculture d'Indre-et-Loire, le 31 août 1860, Bohier, Briçonnet (seigneurs de Chenonceaux), Liger, (seigneur de Lauconnière), Odart, voilà quatre noms qu'il faut inscrire en lettres d'or dans les fastes de la viticulture en Touraine.

Femme : En décembre 1814, au château de la Mothe Sonzay, Charlotte de la Bonninière de Beaumont, morte le 26 juin 1881, dont

**16**

**Hippolyte-Jacques Odart de Parigny,** lieutenant de cavalerie, chevalier de la Légion d'honneur, mort à 9 ans, le 1er janvier 1817.

**Hercule-Charles, comte Odart de Parigny,** né à Grandvault, le 13 floréal, an VII. Garde du corps, le 25 avril 1817. Lieutenant dans la Compagnie des Gardes à pied, 1er juillet 1821. Licencié capitaine, août 1830. Capitaine au 15e régiment d'infanterie, 4 mars 1832. Chef de bataillon au 7e régiment d'infanterie, démissionnaire le 21 avril 1849. Chevalier de la Légion d'honneur, 1846. Femme : Par contrat passé à Paris, le 3 mars 1837, Henriette-Charlotte-Caroline Odart de Rilly, dont

**André-Henri-Paul Odart de Rilly,** marquis de Rilly, puis d'Oysonville, né à Orléans, le 5 avril 1812. Page du roi, 1829-1830. Élève à l'École de Saint-Cyr. Sous-lieut. à Saumur, 1832, sous-lieut. au 1er régiment de Hussards du duc d'Orléans. Lieutenant 1840. Capitaine 1843, démissionnaire le 27 juillet 1849. Mort à Paris le 1er mars 1880. — Femme : Marie-Clotilde Vallet de Villeneuve Guibert, fille de Septime, comte de Villeneuve et de Guibert et d'Elisabeth-Mathilde de Sain-des-Arpentis. La marquise de Rilly est morte à Paris, le 12 janvier 1879, elle laissait

**Jeanne-Louise-Adrienne-Emilie Odart de Rilly,** née au Bouchet, le 9 août 1807, morte en bas-âge.

**Henriette-Charlotte-Caroline Odart de Rilly,** Csse Odart de Parigny, [...] en son château du Bois[...], en [...]

**Marie-Jacqueline-Constance Odart de Rilly,** morte sans alliance.

**Louis-Charles-Elie Comte de Rilly,** mort sans alliance à l'île de la Réunion le 20 novemb. 1849. Il était capitaine d'infanterie de marine et avait été à Saint-Cyr.

**Louise-Pauline-Eugénie Odart de Rilly.** Née à Orléans en 1814, mariée le 7 août 1833, à Paris, à son oncle Marie-Thomas-Eugène du Pont d'Aubevoye, dernier marquis d'Oysonville de son nom, mort en 1875. Elle n'en eut pas d'enfants et mourut à Paris, le 16 mars 1884. Elle est inhumée dans la chapelle de son château de Launay-Bafert.

**Gustave-Armand, Comte Odart,** Enseigne de vaisseau, chevalier de la Légion d'honneur, né le 14 avril 1819.

**Léontine-Charlotte** née à Beauregard, le 23 octobre 1817, † en mars 1831.

**Amélie-Henriette-Adélaïde,** née à la Dorée, le 1er février 1818, mariée le 18 avril 1838, à Prosper Confex de Neuilly, † en 1881, dont postérité.

**17**

**Jacques-Henri-Alfred Odart de Parigny,** né à Paris, le 20 juin 1840. Il a fait la campagne comme officier de mobiles en 1870, il est mort à Paris, le 3 juin 1872, sans alliance.

**Eugène-Elie-Henri Odart de Rilly,** marquis de Rilly et d'Oysonville, marié par contrat du 9 août 1877, à Paris, à Auriane de Montesquiou-Fezensac. Il est devenu propriétaire par succession des terres du Bouchet et de Launay-Bafert, en Anjou. De ce mariage :

**Arthur-Charles-Jean-Maurice Odart de Rilly,** Comte de Rilly, propriétaire par succession de la terre d'Oysonville. Marié dans la chapelle du château d'Arnouville, le 12 février 1883, à Marie-Gabrielle de Rasilly, dont

**Jean-Emilie-Théodore Odart de Rilly,** [...] à Paris, en 1870, à [...]-Frédéric-Ca[...]ward de la Blot[...], dont postérité.

**18**

**Henri-Paul-Eugène,** né à Paris, le 11 avril 1878.

**Paul-Maurice-Elie** né au château de Longpont, en Soissonnais, le 5 septembre 1880.

**Fernand,** né le 13 février 1883, mort à 3 mois.

**Marie-Gabrielle-Octavie-Néomaye Clotilde,** née à Paris, le 8 mars 1884.

**Marie-Joseph-Jacques André-Henri-Paul,** né à Oysonville, le 29 août 1885, baptisé dans l'église d'Oysonville, le 13 septembre.

**Marie-Joseph-Michel Guillaume-François,** né à Oysonville, le 5 avril 1888, baptisé dans l'église d'Oysonville par le représentant de Mgr l'Évêque de Chartres. Il est mort à Oysonville, le 19 juillet 1890 et est inhumé dans la chapelle N.-D. Auxiliatrice.

**Marie-Joseph-Hugues-Honorat-Edouard-François,** né à Oysonville, le 7 octobre 1891. Baptisé dans l'église d'Oysonville, le 17, par Mgr l'Évêque de Chartres.

# APPENDICE

## I. — NOTES

Tome I$^{er}$, page 13. — A propos de l'alliance d'Etiennette d'Autry, femme de Simon d'Allonville, seigneur d'Oysonville, il convient de dire qu'elle était fille d'Olivier d'Autry, chevalier, seigneur de la Brosse Saint-Mesmin et de Courcelles, et de Catherine de Gyverlay et sœur de Charlotte d'Autry, demoiselle d'honneur de la duchesse d'Orléans, mariée à Jean de la Trémoïlle, seigneur en partie de Sully-sur-Loire, de Jean et de Louis d'Autry, morts sans enfants, enfin d'Ithier d'Autry, chevalier, l'un des 100 gentilshommes de la maison du roi, capitaine gouverneur de Montlhéry, marié à Philippe de Maraffin, dont il eut deux filles, Louise d'Autry, femme de Guillaume de Rochechouart, seigneur de Jars et de Bréviande, et Anne d'Autry, femme de Guillaume de Paviot, seigneur de Boissy-le-Sec, près d'Etampes.

Tome I$^{er}$, page 18. — Le 9 avril 1609, acte d'échange fait par devant maître Haudessus, et passé à Paris, entre les commissaires nommés par S. M. Henry IV d'une part et dame Gabrielle d'Allonville, veuve de messire Louis de Roche-chouart, dame de Saint-Cyr, Quincampoix, Le Monceau, Avon et partie de Fontainebleau, la dite dame remet à titre d'échange, à Sa Majesté, les terres et seigneuries du Monceau, Avon et partie de Fontainebleau pour elle et ses successeurs et le roy lui remet en contre-échange les terres, seigneuries et chatellenies de Sury-le-Comtal, Saint-Romain-le-Puy, les Bargues, Monsut et Saint-Marcellin. La dite dame ayant pris possession des terres et seigneuries nommées, les vend en 1612 à messire Jacques de la Veutre, seigneur de Montagnac.

(Archives du château de Sury-le-Comtal en Forez).

Dans la première partie de cette histoire on a vu très sommairement qu'une parenté unissait le premier seigneur d'Oysonville de la famille Le Prévost à M<sup>me</sup> Acarie, la bienheureuse fondatrice du Carmel en France, proche et double parente par son père et par sa femme, c'est ainsi que deux personnages de son nom, dont Augustin le Prévost, son propre père, sont à l'église Saint-Gervais, à Paris, parrain et marraine des enfants aînés de Madame Acarie. Le baron d'Oysonville, comme l'un des plus proches parents, fut appelé à donner son appréciation sur la vie et les mérites de cette illustre religieuse, ce témoignage qui servit à sa cause de béatification, a été imprimé en 1788, à Rome, en italien. Voici d'ailleurs cette déposition :

Témoin : Dominus Carolus Le Prévost, scutif, et barò d'Oysonville, aun. 55. qui servain Dei novit Lutetiae parisiorum per continuatum spatium XXX aunorum, qui bus vixit in statu conjugii, nempe ad auno 1585 usque ad aunum 1614 ita enim habet process. apost, etc., etc.

LXXXIII. Ex process. apostolico Parisiens aun. 1630. illustrissimus Dominus Carolus Le Prévost, scutifer et baro d'Oysonville, annorum 55 super primo articul. process. fol. 1447. Io altra cosa non so del contenuto in questo articolo, se non che come suor Maria Della incarnazione e nata da famiglia nobile, ede stata figlia legitima Del nobil. personnaggio Nicola Avrillot, scudiere signore di Champlatreux e della signora Maria l'Huillier suoi genitori, persone pie e cattoliche e di nobile. Estrazione, ed ho conosciuto il fu sudetto signor Avrillot; e percio che riguarda la surri serita suor Maria della incarnazione, io l'ho conoscuita da quaranta cinque auni a questa parte ovvero in circa, allorche essa su maritata, e so, che la medesima e stata allevata, nella religione cattolicha.

Io so, che il suo nome di battesimo era Barbara, e che la medesima fiu dalla sua giovinezza conservata molto con la moglie del suo zio, il signor giacomo aurillot consigliere al parlamento, la quale si chiamava Maria du Drac e la quale e stata vedova per molto tempo; edin tempo della sua vedovanza e stata molte volte rapita in estati — siccome trovati in un libro stampato, che io ho, il quale e stato composto doppo la sua morte da un reverendo patre provinciale de minimi suo confessore, il quale io credo io credo essere approvato da Due predicatori grandi di quel tempo.

LXXXIII. Illmus Dominus carolus le Prévost, baro d'Oysonville, etc. Io so, che la Medesima e stata maritata col su signor di Montbraud Viceconte di villimur, chiamato col suo cognome il signor acarie, nomo piissimo e cattolico ed il quale posserta grandissimi disastri per lozelo che egli aveva alla religione a cui la medesima estata sempre grandemeute ussidiente, edossequiosa — 10 conoscolitre figli, e letre figlie, che essa ha avute dal detto matrimonio quali la medesima ha avuta una si grande premura di ben istruire nella religione cattolica, che vene sono cinque, i quali anno abbracciato io stato ecclesiastico, eche specialmente litre figlie sono carmelitane stabilite tutte tre inposto di priore attesala loro esemplare virtu. La qual cosa e notaria, publica manifesta — 10 so che un gentilhuomo, il quale conoscio particolarissimamente, che per riguardo non posso nominaie, il quale era dato, e lasciavasi transportare al giuoco de Dadi con una estrema passione, ardore, edeccasso e con ipiu grandi col eischio de perdere in un tratto tutto il suo capitale, ed un giorno mentre giocasa con i piu grau signori di Francia venne la beata a piedi da un polo della citta al altro abbenche indisposta dalla coscia afine di frastornarnelo il quale attribuisce alle di lei orazioni, di non aver giocate doppo del tempo una sola volta, il quale e di ventun anno, o in circa sentendosi Focco fiu d'allora di sarne una ferma risoluzione, attesa l'esortazione che essa gli se ce, e le orazioni, che promisegli Fare per lui a chesto fine. — Io so che la medesima ha avuta sempre grandissima atteuzione de suoi domestici per farli vivere nel timore di Dio, ed altresi ne he conosciuto una, laquale nel secolo cra tenuta santa, e chi amavasi andrea, loche e vero, publico, e manifesto. — Io so che essa, era eccelente nella virtu delle fide, eche a motivo di cio disprezzava le vanita mondane, procurava giusta il sua potere la conversione degli erretici, ed onnorava

grandemente i prelati della chiesa ed altre persone ecclesiastiche e religiose. —
Io so dai domestici di mia madre la quale frequentara la casa della sudetta suor
maria della incarnazione, e dai suoi che la me desima di guimara e facera grandi
austeritat, frequentara i santi sacramenti tutte le feste e domeniche e intrapendera
con un corraggio grande molte cose ardue e difficile la qual cosa e del tutto
notorio. — Ioso, che essa avvera un cosi grande amor di Dio, che non parlara
quasi maise non che di Dio owero di cose, le quali, fossero riserite adonore,
egloria sua eche pregara iddio contanta attenzione, che divenera quasi imobile
ecome une statua e seu za verum sentimento ed nozavvisato dalle sue azzione
cercara tutte le occasioni, che potera per fare e per partire qualche cosa per l'amor
di Dio. — Io so, che essa ha avuta una grandissima e come straordinaria carita
per le prossimo e che molte persone di grandissima qualita ri correvano a lei a
fine di ricevere parere ajuto, e consiglio : molto persone altresi per avez soccorso
nelle loro necessitata ; che la medesima andara ovvero mandara aglispedali, che
procurata per quanto gli era possibile, la conversione di peccatori che portara un
rispetto grande al predicatori. La medesima avez procurato fra gli altri la fonda-
zione del gran monastero delle carmelitane di celesta citta di Parigi e che il padre
mia moglie (M. Sublet de la Guichonniere, depuis Dom Sublet, chartreux), il quale
dopo e morto certosimo, vi a operato grandemente in fiein con lei. — Io so, che la
medesima ha avuta una pazienza grande nelle awersita, si a nelle grandi e notabi-
lissime perdite de beni, che essa ha sofferto ; come altresi in gravi dolori e mallatie,
che ha patito come di esserti rotta due volte la coscia, eche la medesima si e
sempre comportata pazientissima mente in tutte le circostanze di tal fatta.

## II. — EXTRAITS

Pour compléter ce qui a été dit dans le tome Ier sur le baron d'Oysonville, nous citerons ici des extraits de l'ouvrage de M. Avenel, intitulé : *Lettres, Instructions diplomatiques et papiers d'État du Cardinal de Richelieu,* recueillis et publiés par M. Avenel, imprimerie nationale, 1877.

Tome VI, p. 410. — Extrait de « l'Instruction au s. baron d'Oysonville, (le baron d'Oysonville que nous verrons bientôt envoyé au quartier général du duc de Weymar, après la mort de ce général pour traiter au sujet de son armée, était capitaine d'une comp[ie] de chevau-légers), s'en allant trouver M. le duc de Weymar de la part du roy » Mss. Colbert, f° 382. Dans cette instruction faite en suite des considérations qu'on vient de lire, il était recommandé à M. d'Oysonville de repré-senter d'abord au duc « que le Roy estant extraordinairement pressé des Suédois pour le faire entrer en Allemagne, S. M. le prie de leur donner ce contentement si nécessaire à la cause publique ». Il fera ensuite entendre au duc que « l'intention de S. M. est de le maintenir en Alsace, afin que ce soit une perpétuelle barrière entre la France et ses ennemis. » Le s. d'Oysonville doit joindre à la fermeté de ses discours tant de modération en sa conduite « qu'en ne donnant au dit s. duc aucun sujet de croire qu'on le craint, il ne luy tienne aussy aucun langage sur lequel il peust prendre prétexte de rupture ». Si le s. duc ne parle point des places d'Alsace il n'en faut rien dire ; s'il le demande, il faut lui montrer que le traité par lequel le roi lui laisse le landgraviat d'Alsace, n'oblige point Sa Majesté à remettre les places entre ses mains. Bien loin qu'il ait à se plaindre des procédés de la France, il doit reconnaître que le roi l'a aidé d'argent et de troupes au delà de ses engagements. Ses ennemis se vantent d'avoir un traité fait avec M. le duc de Weymar ; c'est un point délicat à toucher ; « on n'estime pas qu'il faille lui en parler qu'en cas qu'on ne puisse le mettre à la raison par une autre voie ; celle-ci ne pourroit estre bonne que lorsque toutes les autres seront inutiles. » Il faut surtout protester au duc qu'on n'a point cette pensée à la cour, que S. M. a la plus grande confiance en sa loyauté « mais qu'il est important pour sa réputation de dissiper ces mauvais bruits », et que le meilleur moyen « c'est de se mettre le plus tost qu'il pourra en campagne, d'entrer en Allemagne et d'agir bien fortement à l'avantage de la cause commune.

Tome VI, page 454. — La lettre d'Erlac a dû être portée par M. d'Oysonville chargé d'aller à Brisach, traiter avec les colonels — c'était une affaire importante de ce temps là, et pleine de difficultés que d'attacher à la France l'armée aguerrie et victorieuse de M. de Weymar ; le cardinal y mit toute l'activité de son caractère et toutes les habiletés de sa politique il n'y épargna ni argent ni compliments, ni caresses. Il ne se contenta pas des lettres écrites aux colonels de cette armée, à d'Erlach, l'ami et le bras droit du feu duc, il chargea coup sur coup d'Oysonville, Guebriant, Choisy, de cette épineuse négociation ; enfin il se hâta de faire venir pour la commander le duc de Longueville, alors employé en Italie.

Tome VI, page 623. — Instruction au sieur d'Oysonville, lieutenant au gouvernement de Brisach, 23 novembre 1639. Le dit seigneur d'Oysonville saura que M. le cardinal Bichi ayant faict connoistre au roy que M. le duc de Bavière luy avoit escrit qu'il désiroit se remettre bien avec Sa Majesté et qu'il estoit prêt d'entendre a toutes les choses qui lui en pourroient faciliter les moyens, on luy fist response que S. M. avoit bien agréable la bonne disposition dans laquelle estoit le seigneur duc et qu'elle se résoudroit volontiers à envoyer un des siens à Strasbourg.... le sieur d'Oysonville insistera donc à ce que M. le duc de Bavière propose la trève dans la Diète électorale, comme le meilleur moyen d'arriver à la paix et d'engager le roi à soutenir les justes prétentions du duc, faisant comprendre au sieur Hugono (Giovani Hugone qui était au duc de Bavière), qu'il seroit nécessaire dans l'intérêt public, qu'une secrète intelligence s'établit entre le dit s. duc et S. M. Il reviendra immédiatement rendre compte à la cour ; s'il juge avoir besoin d'une réponse de S. M., il restera auprès de M. Méliand (ambassadeur de France en Suisse), sous quelque prétexte, comme pour les affaires d'Allemagne. Si le député dud. s. duc, désire savoir comme quoy on pourroit dans une paix, traicter le duc Charles, led. s. d'Oysonville luy dira qu'il n'en sçait pas le particulier, mais qu'il croit que le Roy a assez de bonté pour se relascher grandement au revenu des états qu'il possédoit, en luy ostant tout moyen de mal faire selon sa coustume, en se réservant les places fortes des d. estats..... le s<sup>r</sup> d'Oysonville insistera sur l'insupportable ambition des espagnols, qui veulent tenir la chrestienté en sujétion et en perpétuelle guerre ; et sur ce que l'intérest des électeurs est de s'accommoder avec la France, sans l'Espagne; au cas qu'elle veuille demeurer en son opiniastreté. Il verra avec l'agent bavarois, le moyen de procurer au duc de Bavière quelques avantages dans « les conquestes du roy faictes et à faire sur le Rhin et lieux circonvoisins.

Tome VII, page 227. — 1639, 29 mai, à 9 h. du soir, de Saint-Mauny, à M. de Meilleraye. Demain matin le s. d'Oysonville partira avec la monstre des Suisses qui coucheront mardi à Abbeville, et vous les aurés jeudi ou vendredi, j'espère que vous aurés les gardes mercredi (Copie, bibl. de l'arsenal. Hist. Franc. 186, in-4°, p. 128).

Tome VII, p. 240. — 27 juillet 1639. Mézières, Instructions à M. le baron d'Oysonville, s'en allant à Brisach « Le Roy ayant eu avis de la mort de M. le duc de Weymar et désirant pourveoir à ce qui regarde son service et le bien de la cause commune, sur un accident sy imprévu et de sy grande conséquence dépesche au S. comte de Guébriant, le baron d'Oysonville... avantages que le Roy fait aux troupes du feu duc de Weymar pour les retenir à son service et à M. d'Erlach... procédés à suivre par Messieurs de Guébriant et d'Oysonville dans cette négociation... diverses lettres de cachet pour les chefs desd. troupes, mises aux mains du s<sup>r</sup> d'Oysonville (Copies Bibl. nat., 500, Colbert, 46, fol. 390. v°).

Tome VII, p. 244. — 20 août 1639, Joinville. Instructions aux seigneurs de Guébriant, de Choisy et d'Oysonville, pour négocier avec l'envoyé des généraux du feu duc de Weymar. Nous avons donné, tome 6, p. 481, n° 1, un extrait succinct de cette pièce, dont la matière seule appartient au cardinal (mise au net, Arch. des Affaires étrangères, Allemagne, t. XV, f. 138, Copie Bibl. nat., 500, Colbert 46, fol. 404) (Imprimés Aubery, mem. tome IV, p. 373).

Tome VIII, p. 161, page 627, t. 7, mettez cette note : dans une longue dépêche de 17 pages, datée de Basle, le 18 janvier 1640 (pièce 119 de notre m. ss.) M. d'Oysonville rend compte de ses entretiens avec l'envoyé du duc de Bavière; ils sont remplis de vagues assurances, de bonnes dispositions des deux parts, mais sans rien de positif, sans conclusion. Cette entrevue de Santo Eremo ne paraît pas avoir eu de résultats sérieux, nous ne trouvons rien qui s'y rapporte dans les papiers de Bavière, jusqu'à la fin de 1642.

---

Voici un *Extrait de l'Aveu d'Arbouville,* qui donne une idée intéressante des familles qui habitaient cette partie de la Beauce, dont il est parlé à la page 38 du précédent volume.

. Cet acte d'hommage est rendu par « Haut et Puissant seigneur Gaspard Louis de Chambon, marquis de Chambon d'Arbouville, mestre de camp Cavalerie, lieutenant général de l'Ile de France, chevalier de l'ordre royal et militaire de Saint-Louis, seigneur d'Arbouville, de la Soisson, de Gondainville, la Bracquerie, Armonville, Le Sablon, etc., demeurant ordinairement à Paris, rue de Bourbon, faubourg St-Germain, paroisse St-Sulpice, de présent à son château d'Arbouville, paroisse de Rouvray-Saint-Denis » à « Haute et puissante dame Geneviève-Claude Briçonnet, marquise d'Oysonville et de la Roussière, dame de Congerville, Gaudreville, Gommerville, Ezeaux, Gueurville, Villiers-le-Sec, Launay et autres lieux, à cause de son marquisat du dit Oysonville. »

Le château et lieu seigneurial d'Arbouville composé de différents appartements de maître, salle, salons, cuisine, office et autres aisances, couvert d'ardoises, cour et avant-cour fermées, grilles ou fossés ou hahas, grand parterre en face dudit château fermé d'un fossé en fer à cheval, jardin, potager, clos de murs, au bout desquels, à l'Orient, est le petit parc clos de murs dans lequel il y a salles, bosquets et autres plans d'agrément de la contenance de douze arpents . . . . . . le grand parc dudit lieu seigneurial, clos de haies, de charmilles et bordé de deux avenues, l'une d'ormes à l'occident, l'autre de noyers, de 24 arpents.

Le lieu seigneurial de la Soisson, la haute, moyenne et basse justice avec fourche patibulaire à trois piliers, qui anciennement étaient situés sur une pièce de terre du domaine, les droits de voierie, de tabellionné, scel aux contrats et nomination à tous les officiers de la dite justice, les droits d'aubaine, desherence et épaves, d'aunage, mesurage de grains et vins et halle sur la place du marché, droit de four et de moulin — la chapelle d'Arbouville, située sur le carrefour d'Arbouville, fondée eu l'honneur de l'Annonciation de la Sainte-Vierge, dotée de 15 muids de blé, mesure d'Orléans, et d'un pré gras, à la charge par les chapelains de célébrer une messe haute le dimanche et quatre messes basses les lundi, mardi et mercredi de chaque semaine, laquelle fondation acceptée par maître Rousselet, curé de Rouvray, le 10 mai 1520 — le droit de nomination à la chapelle, etc. Suivent les vassaux, arrière-vassaux du marquisat d'Oysonville : messire Denis-Auguste de Beauvoir de Grimoard, marquis du Roure, baron des villes de Barjac, Florent, le Roure, Ténieres et des états de Languedoc, colonel des grenadiers de France, gouverneur des ville et citadelle de Pont-Saint-Esprit, seigneur de Louville, Coltainville, comme ayant épousé Françoise-Sophie Scolastique de Baglion, en lieu et place de feu le prince de Montauban, vassal de la seigneurie d'Arbouville et arrière vassal du marquisat d'Oysonville, au lieu et place de messire Antoine Baron, seigneur dudit Coltainville — messire Louis-Lazare Thiroux d'Arconville, chevalier, conseiller au Parlement, seigneur d'Erceville, Gervillier et autres lieux, second vassal du dit seigneur, avouant et arrière-vassal du marquisat d'Oysonville.

M. d'Arconville en relevait par sa seigneurie de Gervillier, consistant en « le lieu, fief, terres et seigneurie de Gervilliers et Longueville, assis en la paroisse d'Erceville, sur la chatellenie de Yenville, consistant en maison et manoir seigneurial ou il y a trois chambres à feu, autre petite chambre en entrant formant un vestibule, grenier au-dessus, cave dessous, tourelle ou est l'escalier pour monter à une petite chambre haute et aux greniers, le tout couvert de tuiles, masures au bout des bâtiments au bout desquelles sont deux petites tourelles, etc. Grande cour close desdits bâtiments ou est une petite chapelle nommée la chapelle Saint-Sulpice de Gervillier, grandes portes pour entrer dans la dite cour « créneau sur ycelles et sur toutte la longueur du mur », suivent les terres et bois de la dite seigneurie de Gervillier[1].

---

[1] M. Thiroux d'Arconville était le chef d'une ancienne famille, originaire d'Autun, alliée à cette époque aux meilleures familles de France. Sa femme, née Darlus, se fit une grande réputation dans le monde par ses écrits et par son esprit. Son histoire de Marie de Médicis est encore souvent citée ; un de ses fils, M. Thiroux de Crosnes, a laisssé une mémoire justement distinguée comme intendant de

Les Dames supérieures et religieuses de la royale maison de Saint-Louis, établies à Saint-Cyr-les-Versailles, dames de Rouvray Saint-Denis, vassales de la seigneurie d'Arbouville et arrière-vassales du marquisat d'Oysonville pour un fief précédemment à messire Jean Delpech, chevalier, marquis de Méréville et avant lui au sieur Nicolas Gautron.

Messire René Chopin, chevalier, seigneur d'Arnouville, conseiller du roy, maître des requêtes ordinaires de son hôtel, quatrième vassal de la seigneurie d'Arbouville et arrière-vassal du marquisat d'Oysonville (¹).

Messire Pierre Eutrope Peschard, écuyer, fourier des logis du roy, conseiller du roy, contrôleur au grenier à sel de Dourdan et lieutenant de l'élection de la dite ville, tient en plein fief de la seigneurie d'Arbouville et en arrière-fief du marquisat d'Oysonville plusieurs héritages.

Damoiselle Rose-Marie-Élisabeth-Victoire de Beaurepaire, seule fille et héritière de dame Elisabeth-Charlotte de Cugnac, sa mère, à son décès épouse de messire Jean-Baptiste Henry de Beaurepaire, chevalier, seigneur comte de Louvagny, sixième vassale du seigneur d'Arbouville et arrière-vassale du marquisat d'Oysonville.

Messire Joseph-Victor de Tarragon, écuyer, lieutenant au régiment infanterie de Bassigny, demeurant en son château de Mainvilliers, septième vassal, etc., etc.

L'Église et la Fabrique de Rouvray-Saint-Denis.

Rouen et comme ministre de la police à Paris ; il avait épousé M^lle de la Michodière. Un autre de ses fils qui porta le nom de Gervilliers a continué la postérité représentée aujourd'hui par les familles de Rasilly, de la Touanne, de Beauvoir et par le fils du comte de Gervillier, et de la princesse de Looz Corswarem, sa femme. Le château d'Arconville, magnifiquement restauré par le président de ce nom, et qui renfermait quantité d'objets d'art, tableaux et meubles de toutes les époques, a été vendu il y a une quarantaine d'années.

¹ Ce seigneur d'Arnouville devait son prénom de René à l'un de ses ancêtres, René Choppin, qui fut l'un des plus savants jurisconsultes de France, il lui devait aussi la possession de la terre d'Arnouville, qui lui était venue par son alliance avec l'héritière de ce fief. Les Choppin d'Arnouville tinrent depuis lors des charges éminentes dans la haute magistrature. Arnouville appartient encore aujourd'hui au baron Choppin d'Arnouville, qui avec ses nièces, la marquise de Rasilly et la comtesse de Barbançois, représente la branche aînée de la famille du célèbre René Choppin. — Le château actuel d'Arnouville construit sous les règnes de Louis XV et de Louis XVI, entre des pavillons d'une époque antérieure, précédé d'une cour entourée de douves construites, dans laquelle on a accès par un pont fermé d'une belle grille de fer forgé, qui donne d'autre part sur la route d'Angerville à Chartres, est encore l'un des plus remarquables de cette partie de la Beauce.

L'Hôtel-Dieu d'Étampes.

Messire Pierre Buttet, curé de Rouvray-Saint-Denis (¹).

Messire Pierre Dollon, curé de Neuvy, onzième vassal.

Maître Pierre Garnier, conseiller du roi, notaire au Châtelet d'Orléans.

Marie Venard, veuve Adrien Barbier, maîtresse de la poste à Boisseaux.

Simon Gidoin, ancien maître de la poste de Monnerville.

Nicolas d'Hector de Rochefontaine, greffier du bailliage royal de Janville, quarantième vassal.

Il est inutile de continuer cette liste encore fort longue, on peut juger suffisamment ainsi de l'importance de cet aveu.

---

Tableau Iᵉʳ, tome II.

« Pierre Odart, seigneur de Colombiers en Touraine, baron de Longny-au-Perche, du chef de sa femme, fut marié à Angers, en 1420, et fut tué à la bataille de Verneuil, en 1427, contre les Anglais. Il était fils de Guillaume Odart, chevalier, baron de Curçay, seigneur de Verrières, Rilly, etc., etc., et d'Isabeau de Craon-Châteaudun, sa première femme. »

---

A la page 28 du précédent volume, il est parlé d'Antoine de Sève, lui et son neveu, l'abbé Tronson, grand oncle et oncle à la mode de Bretagne de Marie Madeleine de Sève, marquise d'Oysonville ; le premier, Antoine de Sève acquit d'Antoinette le Prêtre, veuve de Michel Sarrus, conseiller au Parlement de Paris, la maison de la reine Marguerite de Navarre, à Issy, qui lui avait été vendue par le roi Louis XIII, héritier de la reine, « l'abbé de Sève, abbé de Notre-Dame de l'Ile-en-Barois, Prieur d'Ulmon et de Champdieu, savant ecclésiastique, l'habita avec son neveu Louis Tronson ; ces deux hommes avaient une vénération profonde pour M. Ollier, fondateur de la compagnie des prêtres de Saint-Sulpice,

¹ Pierre Buttet quitta la cure de Rouvray pour le poste de chapelain d'Oysonville d'où était sa famille, on a vu son rôle pendant la Révolution.

dont ils recherchaient avec empressement la conversation et les conseils. Aussi M. Ollier venait-il fréquemment surtout pendant les dernières années de sa vie, dans cette maison où il recevait toujours un accueil si cordial. Le 17 novembre 1655, l'abbé de Sève vendit cette propriété à très bon compte à M. de Bretonvilliers, mais avec cette clause qu'à la mort de ce dernier, elle passerait à la communauté de Saint-Sulpice, à laquelle l'abbé de Sève avait déjà fait don de sa bibliothèque, une des plus riches du temps, c'est ainsi que l'ancienne maison de campagne de la reine Margot est devenue la propriété des fils spirituels de M. Ollier ».

(Extrait du journal Le Gaulois, Octobre 1894).

L'abbé Louis Tronson, fils, comme on l'a vu d'autre part, de Louis et de Claude de Sève, fut d'abord Aumônier du roi, il donna sa démission de cette charge, en 1655, pour entrer au séminaire de Saint-Sulpice, qui venait d'être fondé. Sa piété et son intelligence le firent nommer supérieur de cette célèbre compagnie.

Il composa deux ouvrages qui eurent de la vogue dans leur temps, les *Examens particuliers*, Lyon, 1690 et *Forma Cleri*, Paris, 1714, 3 vol. in-4°.

L'abbé Louis Tronson, après une vie passée dans l'exercice de la piété et de la vertu, mourut le 26 février 1700, il était âgé de 79 ans.

---

## EXTRAITS DU *MERCURE DE FRANCE*

J'ai encore à vous apprendre la mort de deux personnes de votre sexe : l'une est dame Françoise Briçonnet, fille de messire Thomas Briçonnet (¹), conseiller en la Cour des Aides et de dame Marguerite le Picard, veuve de messire René le Tellier, seigneur de Morsan, d'Oiseu et autres lieux, Conseiller en la Cour des Aides de Paris et fils de Charles Le Tellier, maître des Comptes. Ce Charles

¹ Thomas Briçonnet, seigneur des Tournelles, troisième fils de François, seigneur de Glatigny et de Clémence d'Elbène, marié à Marguerite le Picard, fille de Jean, seigneur du Plessis-Picard et de Jeanne Sublet, eut neuf enfants. Sa fille Françoise, épousa Antoine-René Le Tellier, mort le 29 mars 1681, dont elle eut quatre enfants et mourut le 18 avril 1694.

Le Tellier estoit frère de Michel le Tellier, conseiller en la Cour des Aides, père de M. le Chancelier Le Tellier.

*(Mercure de France, de mai 1694, page 81).*

Mort de messire Thomas Briçonnet, seigneur de Germigny (¹); la famille de Briçonnet, féconde en hommes illustres, est originaire de Touraine, ou elle est renommée depuis les règnes de Charles V et de Charles VI, qui est le temps ou vivoit Bertrand Briçonnet, maître des Requêtes de l'Hostel. Outre huit ou dix conseillers et présidens en la chambre des enquestes, elle a eu des présidents et des maîtres des comptes, des maitres des requètes, des intendants de justice et autres officiers. Guillaume Briçonnet, évesque de Saint-Malo et qui ayant succédé à l'archevesché de Reims, à son frère Robert Briçonnet, eut celui de Narbonne, en 1507, fut élevé à la dignité de cardinal en 1495, par le pape Alexandre VI. On l'appelait le cardinal de Saint-Malo. Comme il avoit esté marié avant que de s'engager aux ordres sacrés, il fut père de Guillaume, évesque de Meaux et de Denis, evesque de Lodève, tous deux grands prélats et un jour qu'il officioit pontificalement, ses deux fils lui servirent, à la messe, l'un de diacre et l'autre de sous-diacre.

*(Mercure de France, septembre 1694, page 257).*

Mort de messire Jean Briçonnet de Magnanville (²), conseiller de la Grande-chambre, mort vers les festes de Noël. Il avait épousé dame Marie-Girard, fille de Louis Girard, seigneur de la Briche, d'Epinay et de Villetaneuse, maître des requêtes, puis procureur général de la chambre des Comptes et de Marie Royer, dont il ne laisse pas d'enfants. Il estoit fils de Guillaume Briçonnet, seigneur de Milmonts-Garancières, maistres des requestes et ancien président au grand conseil, et de Marguerite Amelot. Cette famille des Briçonnets est celle qui a donné le plus d'officiers dans la robe. Il y a un cardinal, un chancelier, plusieurs archevesques et évesques et quantité de personnes de distinction dans l'épée.

*(Mercure de France, de mars 1699, p. 131.)*

¹ Thomas Briçonnet, seigneur baron, en partie de Germigny en Bourbonnais, mourut le 9 septembre 1694.

² Jean-Baptiste Briçonnet, seigneur de Magnanville, terre qui lui venait de son aïeule paternelle, M^lle de Landes de Magnanville, mourut sans enfants le 25 décembre 1698 ; sa veuve Anne-Marie Girard de Villetaneuse mourut le 28 décembre 1716.

Mort de dame Françoise Briçonnet (¹), veuve de messire Henri Thibault et seigneur de Beaurin, maître ordinaire en la chambre des Comptes de Paris. Elle estoit de l'illustre famille des Briçonnet et sœur de Clémence Briçonnet qui a espousé Denis Maréchal, seigneur, patron de Vaugirard, près Paris, conseiller en la cour des Aides.

*(Mercure de France*, avril 1699, page 236.)

Mort de dame Clémence Briçonnet (²), veuve de messire Denis Maréchal, seigneur et patron de Vaugirard, conseiller du roi en la cour des Aydes.

*(Mercure de France*, d'octobre 1701, page 399.)

Mort de dame Magdeleine Petau (³), veuve de messire René Hinselin, seigneur de Hautecourt, dont je vous ai appris la mort dans ma lettre du mois de mai 1700, et auparavant veuve de messire Charles Briçonnet, sieur de Glatigny, président à mortier, au Parlement de Metz. Elle estoit fille de M. Petau, conseiller de la Grand' Chambre et de dame Madeleine Broë et sœur de M. Petau, conseiller au Parlement et commissaire aux requestes du Palais.

*(Mercure* d'avril 1702, page 384).

M. Huot (⁴), secrétaire du Roy, a épousé Mᵐᵉ Briçonnet ; ce magistrat est un homme d'un grand mérite et d'une capacité reconnue. Il a encore dans la magistrature un frère qui n'a pas moins acquis de réputation dans les fonctions de sa charge. Il y a longtemps que ceux de cette famille ont voué leur service au roy et à l'État ; ils l'ont toujours servi avec une fidélité et un desintéressement qui ont de tout temps fait le caractère de ceux qui ont porté leur nom qui est d'ailleurs connu dans les armes, puisqu'un Barthélemy Huot se trouva à la bataille de Fontaine Française et y donna des marques d'une si grande valeur qu'il en mérita

¹ Françoise Briçonnet, cinquième enfant d'Alexandre Briçonnet, seigneur de Glatigny et de Françoise Magnard, était cousine germaine du marquis François-Bernard d'Oysonville, elle est morte sans enfants.

² Clémence Briçonnet, sœur de la précédente, morte le 8 octobre 1701, sans enfants, âgée de 66 ans.

³ Madeleine Petau, femme de Charles Briçonnet, seigneur de Glatigny, cousin-germain du marquis d'Oysonville, laissa quatre enfants de ce premier mariage.

⁴ Charles Huot de Hautmoulin, épousa en février 1703, Marie-Briçonnet, cousine-germaine du marquis d'Oysonville et fille de Charles Briçonnet, seigneur de Glatigny, et de sa seconde femme Madeleine Petau. Elle mourut en 1724, laissant une fille mariée.

des éloges publics du roi Henri IV. Ce même fut fort avant dans la confidence de
la duchesse de Verneuil. Il avait beaucoup de piété et la religion parut dans tout
son éclat, dans son retour à Dieu dans sa dernière maladie. M^me Briçonnet est
fille de M. Briçonnet, président au parlement de Metz. La Maison de Briçonnet
est illustre, elle est sortie de la province de Touraine, elle a produit de grands
hommes. Un Guillaume Briçonnet eut deux frères : Guillaume, qui fut cardinal,
et Robert qui fut archevesque de Reims et chancelier de France. L'aisné continua
la maison qui a produit d'autres personnages, scavoir : des maistres de requestes,
conseillers d'estat, officier dans le Parlement ou ils ont eu les premières charges.
Cette maison vint s'établir à Paris sous le règne de Charles V et Charles VI. Il en
est peu de plus illustres dans le parlement, èt elle s'est toujours alliée aux plus
considérables maisons de France. Il y en a un aujourd'hui président de la
chambres des enquestes et il a un fils maistre des requestes; le président s'est
acquis une grande réputation.

(Mercure de France, mars 1703, page 63).

Messire François Briçonnet, chevalier, comte d'Auteuil (¹), seigneur de
Antonillet, Millemont, Andelu, Villarceaux, Saint-Suplex, etc., conseiller du roi en
ses conseils et président honoraire aux enquestes du parlement de Paris est
mort dans un âge assez avancé. Sa famille, féconde en personnes illustres
est originaire de Touraine ou elle est considérable depuis le règne de Charles V
et Charles VI. C'est en ce temps que vivoit Bertrand Briçonnet, maître des
requestes de l'hôtel, ayeul de Jean, seigneur de Vadane, etc., secrétaire du
Roy et receveur général des finances, en 1468; celui-ci épousa Jeanne Berthelot,
dont il eut Guillaume, qui suit, Guillaume, cardinal du titre de Sainte Prascède,
evêque de Saint-Malo et de Nismes, puis archevesque de Rheims, Robert,
archevesque de Rheims et chancelier de France, Jean, secrétaire de Louis XI,
Mathieu, docteur de Paris (?), grand archidiacre de Rheims et Pierre-Guillaume
Briçonnet épousa Jeanne Brinon, dont il eut divers enfants, entr'autres : Michel,

¹ François Briçonnet, marquis de Rosay, comte d'Autheuil, mourut à 65 ans, le 14 février 1705, il
avait épousé Geneviève Courtin, dame de Rosay, morte le 17 janvier 1697, fille de Nicolas Courtin de
Rosay et de Françoise du Drac; il eut deux fils.

évêque de Lodève, mort en 1574, ayant résigné cette prélature à Claude, son neveu, fils de Guillaume Briçonnet, seigneur de Glatigny et de Claude de Levéville. Il serait inutile de nommer les autres, puisque nous avons une histoire de cette Maison, écrite par Guy de Bretonneau. Il suffit de remarquer qu'outre huit ou dix conseillers et présidents aux enquestes du Parlement de Paris, elle eut des présidents et maîtres des Comptes, des maîtres des requestes, des intendans de justice et d'autres officiers. Ceux qui ont fait le plus d'honneur à ce nom sont : Robert, archevesque de Rheims, chancelier de France et abbé de Saint-Waast d'Arras, qui vivoit sur la fin du XV<sup>e</sup> siècle, sous le règne de Louis XI et de Charles VIII. Ce prélat étoit très propre pour les grandes affaires, il avoit été trésorier de Saint-Martin de Tours, et eut l'archevêché de Rheims après la mort de Pierre de Laval. Il exerça pendant quelque temps la charge de garde des sceaux et fut ensuite pourvu de celle de chancelier de France, par lettres données à Turin, le 30 aoust de l'an 1495, mais il n'en jouit pas longtemps, étant mort le 3 juin de l'an 1497, à Moulins, ou il fut enterré dans l'église collégiale de Notre-Dame. Et le cardinal Guillaume Briçonnet, son frère, qui lui succéda et fut nommé à l'archevêché de Rheims, après avoir esté évêque de Saint-Malo et de Nismes. Il fut archevesque de Narbonne, en 1507. Alexandre VI l'honora de la pourpre en 1495, à la prière de Charles VIII, et il se trouva au Consistoire n'étant encores qu'evesque de Saint-Malo, il était trésorier général des finances de ce roy, dont il était le principal ministre, et celui qui avait le plus de part à sa faveur. Il s'opposa autant qu'il lui fut possible, à l'expédition de Naples, mais il ne put l'empêcher de partir. C'est en quoy Paul Jove, le cardinal Bembo et Guichardin se trompent lorsqu'ils disent que ce fut lui qui obligea ce roy d'entreprendre cette expédition. Il est bien vrai que dans le commencement il favorisa ce dessein, mais il luy fut ensuite tout-à-fait contraire. Jules second le priva de la pourpre parce qu'il avait travaillé contre lui au concile de Pise, mais Léon X la lui rendit. Il mourut le 14 décembre de l'an 1514. Avant que d'être dans les ordres il avoit été marié avec Raoulette de Beaune, dont il eut deux fils, Guillaume, évêque de Meaux, et Denys, évêque de Lodève, tous deux grands prélats. Il avait fait un petit manuel de prières et il publia aussi des ordonnances sinodales, pendant qu'il fut à Saint-Malo, que les évêques, ses successeurs, se font honneur d'observer.

(Mercure de France, février 1705, page 301).

Dame Marie Françoise Sevin [1], veuve de messire Jean Briçonnet, seigneur des Tournelles, conseiller de la Cour des Aydes, mourut le 27 avril. Elle était fille de messire Guy Sevin, seigneur des Gaumets-la-Ville, maître des Comptes, et de Marguerite Pichon; cette famille de même que celle des Briçonnet est des plus anciennes et des plus illustres de la robe.

(Mercure de Mai 1716, page 266.)

Anne-Marie Girard, fille de M. Girard, procureur général de la Chambre des Comptes de Paris, seigneur de Villetaneuse, et de Marie Boyer, est morte le 20 décembre 1716. Elle avait épousé J.-B. Briçonnet, seigneur de Magnanville, Conseiller au Parlement, mort le 25 décembre 1698, sans enfants. Il était fils de Guillaume Briçonnet, seigneur de Levéville, Auteuil, Quincampoix, reçu Conseiller au Parlement, le 19 mai 1635, maistre des requestes en décembre 1641 et président au Grand Conseil, mort le 3 février 1674, et de Marguerite Amelot, morte le 23 février 1683, elle était fille de Jacques Amelot, président aux requestes du palais et de Catherine de Creil.

(Mercure de France, Janvier 1717, page 253).

Le 13, mourut à Paris, Dame Marie-Anne Briçonnet [2] épouse de M. Charles de Biencourt, chevalier, seigneur de Poutraincourt, âgée de 75 ans.

(Mercure de Juillet 1725, page 1684.)

Dame Marie-Cécile Mouffle de Champigny [3], épouse de messire François-Guillaume Briçonnet, comte d'Autheuil, président au Parlement en la troisième chambre des Enquêtes, mourut le 15 mai, âgée de 22 ans.

(Mercure du mois de Mai 1728, page 1066).

[1] Marie-Françoise Sevin, de la famille des marquis de Quincy, seigneurs de Bandeville en Beauce, parents des d'Oysonville, mourut le 27 avril 1716, laissant de Jean de Briçonnet, seigneur des Tournelles, deux fils : Jean et François qui fut colonel d'un régiment et fut tué à la guerre.

[2] Marie-Anne Briçonnet, fille de Guillaume Briçonnet, seigneur de Feucherolles, mort le 30 juin 1702, et d'Anne du Poncel, mourut le 13 juillet 1725 et fut inhumée aux Jacobins de la rue Saint-Honoré. Cette branche de Feucherolles s'étant éteinte à cette époque, ses biens firent retour à la branche aînée d'Oysonville.

[3] M<sup>lle</sup> de Champigny, fille de Louis-François et de Françoise-Angélique Chuppin, épousa, le

12

Guillaume-François Briçonnet [1], chevalier, président aux Enquestes du Parlement, épousa, le 13 septembre, dame Elisabeth de Lambert d'Herbigny, fille de Pierre-Charles d'Herbigny, chevalier, marquis de Thibouville, etc., Conseiller d'État, et de Louise-Françoise-Armande d'Estrades.

(Mercure de Septembre 1728, page 2132).

Paul-Gui Briçonnet, seigneur, marquis d'Oysonville, Congerville et Gaudreville en Beauce, capitaine dans le régiment du roi, depuis 1729 et auparavant lieutenant, a aussi été tué au combat de Parme et Charles Briçonnet, chevalier d'Oysonville, son frère, y a eu la jambe cassée d'un coup de feu. Ils sont fils de feu François-Bernard Briçonnet, marquis d'Oysonville, Congerville et Gaudreville en Beausse et du Bouchet, en Anjou, cy-devant colonel d'un régiment d'infanterie, mort en juillet 1716, âgé de trente-neuf et de Marie-Magdeleine de Sève, dame de Gommerville, sa veuve. Le marquis d'Oysonville qui vient d'être tué était dans la 33e année de son âge, étant né le 5 septembre 1701. Il avait été marié le 25 août de l'année dernière 1733, avec Marie-Anne Duché [2], nièce du fermier général de ce nom, qu'il laisse veuve sans enfans.

Le 28, Jean-François Briçonnet, chevalier profès de l'ordre de Saint-Jean de Jérusalem, mourut dans la 61e année de son âge, étant né le 3 juin 1677. Il avait d'abord été reçu chanoine de l'église métropolitaine de Paris, en 1695, mais depuis il entra dans la religion de Malte et fut présenté au grand prieuré le 24 décembre 1697; il était fils de François Briçonnet, comte d'Auteuil, marquis de Rosay, président de la troisième Chambre des Enquêtes du Parlement de Paris, mort le 14 février 1705, âgé de 65 ans, et de Geneviève Courtin, héritière de Rosay, morte le 17 janvier 1697.

---

11 janvier 1723, François Guillaume Briçonnet, comte d'Autheuil, qui en deuxièmes noces épousa Élisabeth de Lambert d'Herbigny, fille du marquis de Thibouville, dont il n'eut pas d'enfants; il laissa ses biens au marquis d'Oysonville, son cousin. Son portrait est conservé à Oysonville.

[1] Guillaume-François était veuf de Mademoiselle Moufle de Champigny. Il mourut sans enfants.

[2] Elle épousa peu après le comte de la Roche Fontenilles.

Le 12, Alexandre-Jacques Briçonnet, maître des requêtes ordinaire de l'Hôtel du roy, depuis le 12 janvier 1731, ci-devant Conseiller au Parlement de Paris, où il fut reçu, le 7 décembre 1725, intendant de la généralité de Montauban en Languedoc, nommé au mois de mars dernier, mourut à Paris, dans la 35ᵉ année de son âge, étant né le 17 juillet 1705. Il était second fils de Guillaume Briçonnet, comte de Millemont et d'Auteuil, président de la troisième Chambre des Enquêtes du Parlement de Paris, mort le 31 janvier 1713, et de Charlotte Croizet, sa veuve, et il avait été marié le 21 décembre 1733, avec damoiselle Thibert des Martrais, fille unique de Jacques Eunemond Thibert, seigneur des Martrais, Conseiller secrétaire du roi, maison couronne de France et de ses finances, ancien réceveur des Consignations du Conseil et du Parlement, mort le 1ᵉʳ septembre 1734 et de Marguerite-Madeleine de la Grange-Trianon, sa première femme.

(Mercure de May 1740, page 1040).

Le 2 septembre, Alexandre Briçonnet, seigneur de Glatigny ¹, ancien capitaine au régiment des gardes Françaises et chevalier de l'ordre militaire de Saint-Louis, mourut à Paris, dans la 90ᵉ année de son âge, sans laisser d'enfants de son mariage avec dame Charlotte Vitart de Passy. Il était fils de Charles Briçonnet, seigneur de Glatigny, président à Mortier au Parlement de Metz, mort en 1680, et et de dame Magdeleine Pitou, sa seconde femme. — Voyez pour la généalogie de cette famille, l'une des plus illustres, des plus anciennes, et des mieux alliées de la robe, l'Histoire des Grands Officiers de la Couronne, vol. VI, fol. 427.

(Mercure de Septembre 1747, p. 179).

Le 2 novembre, dame Catherine-Charlotte Croiset, veuve depuis le 31 janvier 1713, de M. Guillaume Briçonnet, marquis de Rosay, comte d'Auteuil, etc. président de la troisième chambre des enquestes du Parlement avec lequel elle

---

¹ Alexandre Briçonnet, dernier de sa branche, mourut sans postérité. L'aînesse de la famille passa à son cousin issu de germain, le marquis Charles Bernard d'Oysonville. Il était entré d'abord dans les Mousquetaires, fut ensuite sous-lieutenant des [Gardes Françaises, le 15 juin 1682, sous-aide-major le 28 janvier 1690, lieutenant en septembre 1292 et capitaine-commandant La Colonelle, en 1707.

avait été mariée, le 17 janvier 1697, mourut à Paris, âgée de 72 ans, laissant François-Guillaume Briçonnet, comte d'Auteuil, président de la troisième Chambre des Enquestes du Parlement, du 7 janvier 1727, marié : 1° avec dame Cécile Mouffle de Champigny, morte sans enfants, le 15 mai 1728 ; 2° avec dame Élisabeth Lambert d'Herbigny et Alexandre Jacques Briçonnet, maître des requestes, nommé à l'intendance de Montauban, mort sans enfants, le 12 mai 1712, de son mariage avec dame Marie-Madeleine Thibert des Martrais, remariée la même année à M. le marquis de Harcourt Beuvron.

Feu M$^{me}$ de Briçonnet était fille de Louis-Alexandre Croiset, marquis d'Etiau, président de la cinquième Chambre des Enquestes du Parlement et de dame Catherine Rossignol.

(Mercure de décembre 1747, p. 204.)

## NOTES SUPPLÉMENTAIRES

Page 7, n° 7. — Madame de la Bidière, qui paraît comme tante, au contrat de mariage cité, avait été l'une des fondatrices des religieuses du « Précieux Sang », rue de Vaugirard.

(Félibien, Hist. de Paris, p. 1.364).

Page 7, Claude Chahu, cité au contrat, comme cousin maternel, avait épousé Christine de Heurles, qui, au mois de mai 1672, étant veuve obtint l'érection de Passy-les-Paris en paroisse et l'union de cette cure à la communauté des Barnabites de Saint-Éloi.

(Félibien, Hist. de Paris.)

Une rue de Passy, porte le nom de Claude Chahu.

Page 28, ligne 7. — Claude du Puy avait été fait prisonnier à la Bastille, comme du parti du roi en 1595.

Page 31, ligne 17. — Le collège du Plessis, fondé sous Philippe-le-Long, fut réuni en 1646, à la Sorbonne, ses bâtiments sont englobés dans ceux de Louis-le-Grand.

Page 31, ligne 21. — Messieurs de Longpré et de Bernardy étaient directeurs de l'ancienne Académie dite aussi Académie Royale. Les jeunes gentilshommes y apprenaient l'équitation, les armes, la danse, et les mathématiques. Elle était située dans la rue et cour du Dragon.

Lefeuve, Hist. des Rues de Paris.